LA PROSPÉRITÉ?

LA PROSPÉRITÉ?

À LA RECHERCHE DU VRAI ÉVANGILE

Mbugua | Maura | Mbewe | Grudem | Piper

E21   ÉDITIONS IMPACT   ACTS
Africa Christian Textbooks

Édition originale en anglais sous le titre :
Prosperity?: Seeking the True Gospel
© 2015 par Africa Christian Textbooks Registered Trustees.
Tous droits réservés.

Pour l'édition française, traduite et publiée avec permission :
La prospérité ? : à la recherche du vrai évangile
© 2018 Publications Chrétiennes, Inc. Tous droits réservés.
Publié en 2018 par Éditions Impact
230, rue Lupien, Trois-Rivières (Québec)
G8T 6W4 – Canada
Site Web : www.editionsimpact.org

Publié en partenariat avec The Gospel Coalition International
Outreach (TGCIO) et Africa Christian Textbooks (ACTS).

Traduction : International Mission Board (IMB)
Révision : Laurette Gauthier
Couverture : Beau Walsh, The Cultural North | www.culturalnorth.us

ISBN : 978-2-89082-317-4

Dépôt légal – 1er trimestre 2018
Bibliothèque et Archives nationales du Québec
Bibliothèque et Archives Canada

« Éditions Impact » est une marque déposée de
Publications Chrétiennes, Inc.

TABLE DES MATIÈRES

PRÉFACE

Ce livre a été écrit dans le but de contrer les dommages énormes que l'évangile soi-disant de « prospérité » ou de « santé et richesse » est en train de causer en Afrique et dans le reste du monde. Certains prédicateurs font des promesses de fausse prospérité aux hommes et aux femmes, les éloignant ainsi du Seigneur Jésus-Christ et du vrai évangile qui se trouve dans la Bible. Ce faux enseignement est si répandu que plusieurs ne se rendent même pas compte qu'ils sont sous son influence.

Notre tâche est d'aborder les principes de base et les idées maîtresses de ce type d'enseignement sur la prospérité, plutôt que de nous attaquer à des prédicateurs en particulier. Toutefois, nous avons à l'esprit plusieurs prédicateurs très influents qui, de différentes manières et formes, ont articulé et répandu cet évangile de la prospérité. (Nous citerons quelques noms à l'appendice III.) Plus que toute autre chose, nous encourageons les lecteurs à examiner, à la lumière de la Bible, toute prédication qu'ils entendent. Ce livre s'efforce de nous aider à le faire.

Notre désir est que ceux qui ont été trompés ou confus par la prédication de la prospérité parviennent à la connaissance du véritable évangile de la Bible et trouvent le salut en Jésus-Christ. Nous espérons également que ce livre équipera les chrétiens à s'élever contre tous les faux enseignements qui sont proclamés du haut de la chaire. Nous prions que les enseignants et les prédicateurs de la prospérité lisent ce livre pour eux-mêmes. Nous croyons que certains d'entre eux ont besoin de se repentir de leurs erreurs, de se soumettre à Jésus-Christ et de l'accepter comme leur Seigneur et Sauveur, tandis que d'autres doivent apprendre à utiliser la Bible comme la parole vivante de Dieu.

L'évangile de prospérité représente un très grand danger et nous publions ce livre avec un sentiment d'urgence. Nous savons que Pierre, dans sa deuxième lettre, a utilisé un langage dur pour condamner les enseignants arrogants et cupides qui ont profité de l'ignorance des chrétiens. Aussi, de nos jours, nous ne pouvons rester là à ne rien faire en voyant autour de nous des enseignants qui, avec des promesses non bibliques et impies, conduisent les gens à la perdition. Nous désirons, par ce livre, diriger votre attention sur notre Dieu souverain et son Évangile parfait qui constituent le fondement de notre opposition à l'évangile de prospérité.

Nous sommes infiniment reconnaissants à Michael Otieno Maura, Ken Mbugua et Conrad Mbewe d'avoir consacré du temps et de l'énergie à la rédaction de ces chapitres. Nous remercions leurs Églises respectives qui leur ont permis de s'adonner à cette tâche.

Le partenariat avec The Gospel Coalition dans ce projet a été un grand privilège. Ce fut également un réel plaisir de travailler avec Bill Walsh et son fils Beau, qui a conçu la couverture du livre. Nous sommes très reconnaissants pour le leadership et la patience de Bill.

Ce livre n'aurait pas été publié sans la contribution de généreux donateurs à travers le monde. À Dieu soient la reconnaissance et la gloire.

Introduction

UN FAUX ÉVANGILE

Kenneth Mbugua

Je m'étonne que vous vous détourniez si promptement de celui qui vous a appelés par la grâce de Christ, pour passer à un autre Évangile. Non pas qu'il y ait un autre Évangile, mais il y a des gens qui vous troublent, et qui veulent renverser l'Évangile de Christ. Mais, quand nous-mêmes, quand un ange du ciel annoncerait un autre Évangile que celui que nous vous avons prêché, qu'il soit anathème ! Nous l'avons dit précédemment, et je le répète à cette heure : si quelqu'un vous annonce un autre Évangile que celui que vous avez reçu, qu'il soit anathème ! Et maintenant, est-ce la faveur des hommes que je désire, ou celle de Dieu ? Est-ce que je cherche à plaire aux hommes ? Si je plaisais encore aux hommes, je ne serais pas serviteur de Christ. Je vous déclare, frères, que l'Évangile qui a été annoncé par moi n'est pas de l'homme ; car je ne l'ai ni reçu ni appris d'un homme, mais par une révélation de Jésus-Christ (Ga 1.6-12).

Même si c'est un ange qui prêche un évangile contraire à la Parole de Dieu, qu'il soit maudit. Il n'existe pas un chrétien dans le monde qui ne prendrait pas au sérieux ces paroles que Paul a adressées aux chrétiens de Galates. L'Évangile est le don le plus précieux que l'Église doit chérir, protéger et transmettre aux autres. Ainsi, en tant que chrétiens, et particulièrement en tant que prédicateurs, nous ne devons jamais nous lasser d'examiner ce que nous croyons et prêchons, sans oublier de nous poser la question suivante : *est-ce vraiment l'Évangile ?* Est-ce l'Évangile que Dieu nous a révélé dans la Bible ? C'est ce que nous nous évertuerons à faire dans ce livre.

Ce livre ne repose pas sur nos propres idées. Ça n'a rien de personnel ; nous ne sommes pas dans un élan de concurrence avec d'autres prédicateurs. Tout comme Paul, nous ne cherchons pas à nous prêcher nous-mêmes, mais à prêcher Christ (2 Co 4.5). Nous nous efforçons de fonder tout ce que nous écrivons sur l'autorité de la Parole de Dieu révélée dans la Bible. Nous nous efforçons également de ne pas l'altérer pour s'en servir à des fins personnelles, mais de la défendre fidèlement (2 Co 4.2).

En lisant attentivement l'Évangile que nous avons reçu dans la Bible, nous sommes parvenus à la conclusion qu'il y a un faux évangile – l'évangile de la prospérité – qui se répand un peu partout à travers le monde. Plusieurs églises prêchent ce faux évangile. Il s'agit cependant d'un mensonge extrêmement dangereux qui se cache sous les apparences de la religion. Tous ceux qui sont affectés par cette tromperie s'éloignent de la Bonne Nouvelle de Dieu et embrassent un mensonge centré sur l'homme. Pour Paul, il n'y a rien de plus dangereux que la menace d'un évangile différent, et nous pensons la même chose. Rien d'autre n'est plus dangereux, puisque le salut de nos âmes en dépend.

Nous écrivons ce livre pour nous adresser à ceux qui prêchent ce faux évangile et à ceux qui se sont laissé séduire. Nous prions pour que Dieu nous donne la patience, la bonté, la sagesse et la douceur nécessaires pendant que nous cherchons, humblement, à corriger cette erreur, tout en restant sous l'autorité de la Parole de Dieu.

Nous n'allons pas édulcorer la vérité. Paul s'est montré impitoyable et tranchant lorsqu'il s'attaqua à ceux qui corrompaient l'Évangile. Comme Paul, nous voulons exhorter les croyants à rejeter tout évangile qui est différent du vrai évangile. Ce message sera difficile à entendre pour plusieurs. Et l'une des raisons pour laquelle ce sera difficile est justement parce que certains prédicateurs très influents soutiennent ce faux évangile.

Ce qui compte, ce n'est pas l'opinion des personnes ou des églises influentes. Les grandes assemblées, les célébrités, ou la popularité n'ont jamais été la marque de ce qui est vrai. Nous devons rester fidèles à la révélation des saintes Écritures et non façonner notre évangile selon l'approbation de la foule. Paul a averti les gens de Galates de ne pas croire *quiconque* prêche un évangile différent de celui donné par Christ – même si c'est un ange. C'est exactement cela notre préoccupation. Nous vous supplions, par amour, de recevoir avec douceur la parole qui a été plantée en vous, et qui peut sauver vos âmes (Ja 1.21).

Qu'est-ce que l'évangile de la prospérité ? C'est un « évangile » qui, prenant pour appui la mort de Jésus-Christ sur la croix, prône la délivrance de la maladie, de la pauvreté et de toute souffrance. Promettant ainsi des bénédictions matérielles, physiques et visibles pour tous ceux qui l'acceptent, l'évangile de prospérité insiste sur le fait que la volonté de Dieu pour ses enfants est qu'ils soient tous prospères, ici, et maintenant. Or, cet évangile de prospérité contient quatre distorsions cruciales qui la différencient de l'évangile biblique. (1) Il proclame un petit Dieu ; (2) il ne parvient pas à identifier le plus grand besoin de l'homme ; (3) il vide l'Évangile de sa puissance ; et (4) il dépossède Dieu de sa gloire.

Première distorsion : un petit Dieu est proclamé

Que désires-tu le plus ? La réponse à cette question t'aidera à identifier ton dieu. Les prédicateurs de l'évangile de la prospérité incitent les gens à se tourner vers Christ. Toutefois, la motivation qu'ils donnent aux gens, c'est une bonne santé, la richesse, un époux ou une épouse, un emploi, des promotions. Dans ce faux évangile, on ne nous amène pas à désirer, à chercher ou à valoriser Christ. Jésus est plutôt vu comme un simple moyen pour parvenir à ces choses matérielles dont nos cœurs mondains sont affamés. Et ce que ton cœur désire plus que Dieu devient alors ton dieu.

Les saintes Écritures montrent clairement que ce n'est pas l'or, mais Dieu lui-même qui est le but de notre salut. Connaître Dieu, être unis à lui et être réconciliés avec lui sont les buts vers lesquels la Bible nous oriente. « Christ aussi a souffert une fois pour les péchés, lui juste pour des injustes, afin de nous amener à Dieu » (1 Pi 3.18). Notez bien les mots *afin de* dans ce verset, cela nous aide à mieux comprendre la raison pour laquelle Christ a souffert et est mort. Il a souffert et est mort *afin de nous amener à Dieu*.

Jésus-Christ lui-même a parfaitement résumé la raison centrale et le but de notre salut dans sa prière adressée au

Père : « Or, la vie éternelle, c'est qu'ils te connaissent, toi, le seul vrai Dieu, et celui que tu as envoyé » (Jn 17.3). Lorsque Paul enseignait les Colossiens sur la gloire de l'œuvre de Dieu en nous, il s'est focalisé sur notre union avec le Christ. « À qui Dieu a voulu faire connaître quelle est la glorieuse richesse de ce mystère parmi les païens, à savoir : Christ en vous, l'espérance de la gloire » (Col 1.27).

L'Évangile parle d'un Dieu infiniment grand qui nous offre le don le plus magnifique que l'on ne puisse imaginer : lui-même. C'est l'incroyable beauté de l'Évangile – les pécheurs peuvent connaître Dieu et se réjouir en lui pour toujours. Le peuple de Dieu, à travers les âges, a compris qu'il n'y a rien de plus merveilleux. Pourtant, l'évangile de prospérité réduit Dieu à un « papa gâteau », considérant ainsi les choses matérielles comme le but de l'évangile. Ce n'est pas pour nous faire bénéficier des bienfaits temporaires de la prospérité matérielle que Jésus est mort pour nous.

Jésus est mort pour nous réconcilier avec Dieu. Et le point central du salut qu'il nous apporte est que nous puissions connaître Dieu d'une manière profonde et personnelle. Pouvez-vous comprendre qu'un message où l'on remplace *Dieu* par la *richesse*, la *santé* et la *prospérité* nous présente un petit dieu qui n'est pas Dieu du tout ? La santé, la prospérité et la richesse ne sont pas ce qui fait la gloire de l'Évangile, ni le but pour lequel Christ est mort, et ils sont de très petits dons comparés à la communion que nous avons avec le Dieu tout-puissant. Ce sont les choses que le monde recherche : de faux dieux. Prêcher que les bénédictions temporaires et matérielles constituent le but de notre salut, c'est faire du christianisme une idolâtrie et c'est échanger la gloire de Dieu contre quelque chose qui a peu de valeur.

Deuxième distorsion : notre plus grand besoin est ignoré

Lorsque vous vous rendez dans un hôpital parce que vous êtes malade, la tâche la plus importante du médecin est de diagnostiquer la cause de votre mal. S'il fait un mauvais diagnostic, il y va de soi que le traitement qu'il vous propose sera également mauvais. En outre, une telle « solution » pourrait conduire à des souffrances encore plus grandes. Si nous voulons vraiment bénir les gens, nous devons également diagnostiquer leur plus grand besoin.

Quel est le plus grand besoin de l'humanité ? À quel problème Dieu s'attaquait-il lorsqu'il envoya son Fils unique mourir sur la croix ? Les prédicateurs de la prospérité enseignent que les problèmes d'ordre physique, financier et relationnel de l'homme sont les problèmes clés qui nécessitent une solution. Christ est ensuite présenté seulement comme un moyen de résoudre ces problèmes. Pourtant, la Bible montre clairement que le plus grand besoin de l'homme est bien loin d'être la pauvreté financière ou la faim.

Un des plus grands miracles s'est produit lorsque Jésus a nourri cinq mille personnes avec cinq morceaux de pain et deux poissons. Plusieurs ignorent, cependant, ce qui s'est passé après que la foule eut mangé et fut rassasiée. Émerveillée par ce qui venait de se produire, la foule décida de faire un coup d'État pour que Jésus devienne leur nouveau roi (Jn 6.15). La foule avait-elle compris ce qu'est l'Évangile ? Selon Jésus, ils n'avaient pas compris. La foule cherchait Jésus avec un si grand empressement que plusieurs étaient sur le point d'embarquer dans des bateaux pour le suivre de l'autre côté du lac (Jn 6.22-24). Quand ils l'eurent trouvé, il ne les a pas félicités. Jésus a vu leurs mauvaises intentions et les a fortement réprimandés.

Jésus leur répondit : En vérité, en vérité, je vous le dis, vous me cherchez, non parce que vous avez vu des miracles, mais parce que vous avez mangé des pains et que vous avez été rassasiés. Travaillez, non pour la nourriture qui périt, mais pour celle qui subsiste pour la vie éternelle, et que le Fils de l'homme vous donnera ; car c'est lui que le Père, que Dieu a marqué de son sceau (Jn 6.26,27).

Ils suivaient Jésus à cause des choses matérielles. Jésus faisait des signes et des miracles pour que les gens croient en lui et reçoivent la vie éternelle (Jn 20.30,31). Toutefois, ces gens étaient plus intéressés par la nourriture gratuite. Ils pensaient que le Messie leur donnerait tout ce qu'ils voulaient dans cette vie, et ils ne réalisaient pas encore le don incomparable que Christ leur offrait. Si vous suivez Jésus à cause des avantages matériels, c'est que vous n'avez pas encore identifié votre plus grand besoin.

Jésus montre clairement que la santé et la richesse ne sont pas nos plus grands besoins. Mais quel est-il ? Pour comprendre cela, nous devons revenir aux éléments de bases : qui est Dieu et qui sommes-nous ? Romains 1 nous rappelle que Dieu est juste et que nous sommes pécheurs. Et à cause de la justice de Dieu et de notre méchanceté, nous sommes sous son jugement. Si je comprends que le Dieu tout-puissant et saint est en colère contre moi, alors mes luttes financières, les tensions dans mes relations, et mes ambitions professionnelles ne peuvent plus être pour moi la première des priorités. Le problème du péché devient la priorité.

Qu'est-ce que c'est exactement le problème du péché ? Une fois de plus, Romains 1 nous aide à comprendre. Il explique que bien que nous connaissions Dieu, dans notre nature corrompue, nous ne le glorifions pas comme nous le devrions. Et nous rendons gloire à la créature plutôt qu'à son créateur (Ro 1.22,23). Cette idolâtrie est le cœur du péché. Notre plus grand besoin est de résoudre le problème du péché.

Lorsque nous comprenons que le péché contre Dieu est notre véritable maladie et que toutes les douleurs et les souffrances de notre vie n'en sont que des symptômes, nous réalisons que nous avons besoin d'un évangile qui va à la racine du mal, et non d'un évangile qui ne fait que traiter les symptômes. Nous avons besoin que Dieu nous pardonne nos péchés, qu'il nous sauve de sa colère et nous rende juste à ses yeux. Voici ce dont nous avons besoin aujourd'hui et pour l'éternité. Lorsqu'un prédicateur, en qualité de médecin spirituel, fait un mauvais diagnostic, il traite son patient avec un faux évangile comparable à un mauvais remède qui aggravera l'état du patient.

Troisième distorsion : l'Évangile est vidé de sa puissance

Dans ses lettres à l'Église de Corinthe, Paul s'attaquait à des problèmes semblables à ceux que nous connaissons de nos jours. Les Corinthiens avaient reçu l'Évangile directement des lèvres de l'apôtre Paul (1 Co 15.1-4). Toutefois, avec le temps, leurs prédicateurs avaient changé le message pour l'adapter au public. En le modifiant, le message n'était plus centré sur Christ, et il était complètement vidé de sa puissance.

Les Églises qui prêchent l'évangile de la prospérité commettent une erreur similaire. Leurs prédicateurs pourraient parler de la croix dans leurs prédications et même dire que Christ est mort pour nos péchés. Cependant, ils disent que le but de la mort de Christ est notre guérison physique et notre prospérité terrestre. Bien sûr, il s'agit là d'une question particulièrement pertinente qui touche toutes les assemblées. Beaucoup de gens souffrent et luttent pour se sortir de problèmes d'ordre financier et de santé. Nous avons tous des besoins et des désirs matériels. Et ce message de la prospérité est très attrayant : *Venez à Jésus et ayez une vie meilleure maintenant.* Toutefois, c'est un message inférieur, puisqu'il est dénué du pouvoir qu'a le véritable évangile de sauver hommes, femmes et enfants *de leur péché* (Mt 1.21).

Les gens n'aiment pas qu'on leur dise qu'ils sont de pauvres pécheurs destinés à l'enfer. Nous préférons plutôt savoir comment nous pouvons être promus au travail, aller de l'avant dans le monde et obtenir des solutions rapides à nos problèmes terrestres. Par conséquent, un évangile qui ne met pas l'accent sur ces choses n'a aucun sens pour beaucoup de gens (1 Co 1.18). C'est pourquoi, de façon naturelle, nous sommes spirituellement aveugles et n'avons aucun sens de la beauté éternelle de Dieu. Au lieu de prêcher l'évangile dont Dieu se sert pour éveiller les pécheurs à sa gloire, à sa beauté et au salut qu'il donne, les prédicateurs de la prospérité abandonnent le véritable évangile et se penchent uniquement sur la satisfaction des besoins terrestres de l'homme. Leur message n'apporte pas le salut aux hommes. La prédication de la prospérité remplace la puissance de l'Évangile par un message totalement impuissant.

Si tu crois que Christ t'a sauvé pour t'offrir la prospérité de ce monde, alors tu as mis ton espoir en un message impuissant. Contrairement à la Bonne Nouvelle de Dieu révélée dans la Bible, l'évangile de prospérité ne peut ni sauver ton âme (Ro 1.16), ni te donner la vie (2 Ti 1.9,10), ni te donner la paix avec Dieu (Ro 5.1), ou te réconcilier avec

Dieu (2 Co 5.18-20). L'évangile de prospérité ne peut pas te faire entrer dans la famille de Dieu (Jn 1.12,13), te donner l'espoir de la vie éternelle (Col 1.21-23) ou encore de la résurrection d'entre les morts (Jn 11.25-27). Par contre, par la puissance de l'Évangile, Dieu te sauve pour toujours en te faisant passer du statut de créature sous la colère de Dieu et destinée à l'enfer à celui d'enfant de Dieu justifié pour l'éternité. Voilà où se trouve la vraie puissance.

Si tu t'es détourné de la prédication de la croix, alors tu t'es détourné du seul message qui a le pouvoir de sauver quiconque de ses péchés. Christ devait mourir parce que c'était le seul moyen de payer le prix de nos péchés. Est-ce que cette nouvelle maison, cette voiture ou encore ce nouvel emploi exige la mort du Fils de Dieu ? L'évangile de la prospérité, du fait de sa très grande popularité, peut sembler pertinent, mais en se concentrant sur les bénédictions matérielles, il s'éloigne du vrai sens de l'évangile de Christ en le privant de son but principal et de sa force essentielle.

Quatrième distorsion : Dieu est dépossédé de sa gloire

L'erreur la plus fondamentale qu'un homme puisse commettre est de penser qu'il est *le centre de l'univers*. Lorsque nous lisons la Bible, nous comprenons non seulement que c'est Dieu qui a tout créé, mais aussi que toute la création lui rend hommage. La Bible et l'Évangile nous renvoient sans cesse à Dieu. Et quand nous admirons l'œuvre de Dieu dans le monde et dans la Bible, nous pensons tout de suite à sa *gloire*. Pour comprendre la gravité du péché et la portée de l'Évangile, il faut d'abord comprendre ce qu'est la gloire de Dieu.

La gloire de Dieu, c'est sa nature et son caractère impressionnants et débordants. La gloire de Dieu comprend ses attributs infinis de sainteté, de justice, d'amour, de grâce, de miséricorde, de pureté, de beauté, de puissance, et de sagesse. Et la véritable raison pour nous de vivre dans ce monde, c'est de *glorifier Dieu*. Le but de notre vie sur cette terre est de vivre uniquement pour cette gloire en amenant d'autres à la contempler et à se réjouir en elle. Dieu est digne de recevoir cette gloire de notre part. Lorsque nous lui volons cette gloire, cela ne signifie pas pour autant que Dieu est moins glorieux ; cela est impossible. Par contre, cela veut dire que nous échouons à cette tâche qui est de lui rendre gloire.

En examinant le plus grand besoin de l'homme, nous avons observé que le refus de glorifier Dieu, tout en glorifiant ce qu'il a créé, est au cœur du péché qui nous sépare de notre Créateur. Lorsque l'évangile de la prospérité obscurcit cette compréhension du péché, il ne nous montre pas la gloire de Dieu comme l'objectif manquant de nos vies.

En mettant l'accent sur les besoins matériels, les prédicateurs de la prospérité ne peuvent pas conduire le peuple à la repentance, car leur message ne suscite pas en l'homme la contemplation de la gloire de Dieu. Au lieu de nous enseigner ce que Dieu mérite que nous lui offrions, la prédication de la prospérité nous encourage plutôt à penser à ce que nous pouvons obtenir de Dieu. Sauter de joie à cause de la manière dont Dieu vous rendra riche et fort n'est pas l'adoration de Dieu. Une mauvaise définition du plus grand problème de l'homme dépossède Dieu de sa gloire.

L'évangile de la prospérité vole également la gloire à Dieu en donnant à l'homme une mauvaise compréhension du *dessein* de l'Évangile. Dans Éphésiens 1.3-14, Paul a expliqué le but et la finalité de l'Évangile. En Christ, nous avons été choisis par Dieu avant la fondation du monde (1.4,5), nous ayant prédestinés à être ses enfants (1.5), rachetés par son sang, pardonnés (1.7), éclairés (1.9), scellés du Saint-Esprit (1.13), et héritiers du royaume céleste (1.14). Rien d'étonnant que nous l'appelons *Bonne Nouvelle*. Et du début à la fin, cet évangile de Dieu a pour but de « glorifier Dieu » (1.6,12,14).

L'Évangile nous réconcilie avec Dieu. Il enlève les obstacles qui nous éloignent de Dieu, nous permettant d'être avec Dieu, dans une relation intime où nous pouvons le glorifier pour toujours. Et en son Fils, le Père a mis toutes ces bénédictions à notre disposition (cherchez l'expression « en Christ » ou son équivalent dans Éphésiens 1). Il est donc impossible de jouir de ces bénédictions en dehors de Christ, car celles-ci nous sont accordées uniquement grâce à son œuvre parfaite sur la croix. En tout point, le dessein de l'Évangile nous éloigne de notre propre gloire (Ép 2.8,9) et nous tourne vers la gloire de Dieu comme notre seul but et espérance.

L'Évangile rend gloire à Dieu. Les bénédictions de l'Évangile que nous avons mentionnées (choisis, adoptés, rachetés, pardonnés de Dieu, etc.) nous orientent toutes vers Dieu. Et ces bénédictions sont seulement en son Fils, acquises par lui d'une manière qui magnifie la miséricorde et l'amour de Dieu. Nous ne pouvons pas les acheter, nous pouvons seulement les recevoir de Dieu afin que nous comprenions alors à qui revient la gloire. Si nous cherchons exclusivement en Christ les bénédictions éternelles que nous ne pourrions jamais obtenir par nous-mêmes, alors nous n'aurons personne ni rien d'autre à glorifier si ce n'est Dieu (1 Co 1.30,31).

Par contre, l'évangile de la prospérité vole à Dieu la gloire à chaque étape. Cet évangile donne une autre définition des bénédictions reçues en Christ. Ceux qui écoutent ces messages retournent chez eux avec le désir d'avoir les trésors de la terre plutôt qu'une communion avec Dieu. Lorsque nous désirons les trésors de la terre plus que Dieu, alors ces trésors reçoivent de nous la gloire qui revient à Dieu seul. Dans la parabole du trésor caché (Mt 13.44), l'homme a vendu tous ses biens terrestres pour obtenir le royaume des cieux. L'évangile de la prospérité nous offre tout à fait le contraire.

En plus de dérober la gloire de Dieu, l'évangile de la prospérité détourne son auditoire de *la plénitude de Christ*. Ses messagers prônent que Christ seul n'est plus suffisant. Ils font la promotion d'autres moyens de bénédiction tels que l'huile d'onction, « les semences », « l'eau bénite » et les prières de « l'homme de Dieu ». Ce faux évangile minimise la plénitude de Christ en affirmant que les rituels et les hommes sont des canaux additionnels de bénédictions de Dieu en dehors du Christ Jésus. Un tel message ne place pas Dieu au centre de nos vies. Il vole à Dieu sa gloire.

Lorsque nous recherchons des bénédictions qui ne prennent pas leur source en Christ et qui ne glorifient pas Dieu, nous retirons aussi la croix du cœur de la Bible. Les Écritures enseignent que la croix est l'élément central du plan directeur de Dieu pour rendre gloire à son nom. L'Ancien Testament est rempli de signes et de marques qui nous renvoient à Christ et à ce qu'il a fait sur la croix (Lu 24.27). Le système des sacrifices nous montre notre plus grand besoin et nous prépare à la venue de Christ (Hé 9). Les prophètes ont annoncé sa venue et sa souffrance (1 Pi 1.10-12). Et d'éternité en éternité, nous nous rappellerons le sacrifice de Jésus et nous lui rendrons gloire (Ap 5.6 et 12).

La croix de Christ est au centre du plan de Dieu pour révéler et partager sa gloire pour toujours. Les prédicateurs de la prospérité parcourent la Bible, soulignant toutes les bénédictions terrestres dont jouissait le peuple de Dieu. En opposition directe avec la manière dont le Christ aborde les Écritures (p. ex., Lu 24.27), ces prédicateurs font des bénédictions terrestres le sujet central de la Bible. Cette interprétation des Écritures détourne les gens du caractère central de la croix de Christ et vole à Dieu sa gloire. La plus grande charge retenue contre cet évangile de prospérité, c'est qu'il *s'approprie la gloire de Dieu*.

Conclusion

Alors qu'il prétend apporter une bonne nouvelle, l'évangile de la prospérité propose un faux message qui éloigne les gens de Dieu. Cet évangile est un message dangereux. Il présente aux hommes un petit Dieu qui est considéré comme un moyen d'obtenir des biens matériels. Cet évangile fait un mauvais diagnostic du plus grand problème de l'homme – le péché et la séparation d'avec Dieu – et est incapable d'identifier et de répondre à notre plus grand besoin. Ce soi-disant évangile est incapable de nous sauver. Tout ce qu'il fait, c'est détourner notre attention de la gloire de Dieu vers des inventions humaines et des bénédictions temporaires. Au lieu de rendre gloire à Dieu, l'évangile de la prospérité glorifie l'homme et les choses de ce monde. Voilà pourquoi c'est un faux évangile.

Chapitre 1

UNE MAUVAISE COMPRÉHENSION DE LA BIBLE

Kenneth Mbugua

[...] il y a des points difficiles à comprendre, dont les personnes ignorantes et mal affermies tordent le sens, comme celui des autres Écritures, pour leur propre ruine. Vous donc, bien-aimés, qui êtes avertis, mettez-vous sur vos gardes, de peur qu'entraînés par l'égarement des impies, vous ne veniez à déchoir de votre fermeté (2 Pi 3.16,17).

Le caractère mensonger de l'évangile de la prospérité trouve sa racine dans l'interprétation erronée de la Bible. La Parole de Dieu a été tordue, tant involontairement qu'intentionnellement, et le résultat est un message trompeur façonné par l'homme. Si vous recherchez sincèrement la vérité et si vous vous approchez humblement de sa Parole, Dieu peut vous libérer des mensonges de cet évangile faux et vide de sens et vous donner la vie en lui. Mon assurance repose sur la promesse du Christ dans Jean 8.31,32 : « Si vous demeurez dans ma parole, vous êtes vraiment mes disciples ; vous connaîtrez la vérité, et la vérité vous affranchira. »

Dieu nous a révélé la vérité dans la Bible. Toutefois, cette vérité a de nombreux concurrents ; nos cœurs trompeurs (Jé 17.9), le diable, qui est « celui qui séduit toute la terre » (Ap 12.9), et un monde rempli de mensonges. En tant que chrétiens, nous ne devons pas oublier que la vérité ne se détermine pas par un vote, un point de vue ou une thèse populaire. Dieu nous a déjà révélé la vérité et nous devons chercher à comprendre ce qu'il nous dit. Comment pouvons-nous le faire ?

En lisant la Bible, nous devons nous demander : quel message Dieu veut-il transmettre à travers ce passage ? C'est exactement la question que chacun de nous se pose lorsqu'il lit une lettre ou un SMS d'un ami. Nous lisons tout le message, tout en essayant de déterminer ce que l'auteur veut dire, en établissant un lien avec ses messages antérieurs, et en cherchant à élucider toute confusion avec les mots qui nous sont peu familiers. Une fois le message bien compris, nous pouvons apporter une réponse claire.

Pourtant, plusieurs prédicateurs lisent la Parole de Dieu avec moins d'attention que lorsqu'ils lisent le texto d'un ami. Les prédicateurs de la prospérité, dans leur approche de la Parole de Dieu, lui donnent le sens qu'ils décident eux-mêmes : des phrases sont prises hors de leur contexte, des passages de la Bible sont carrément ignorés, et des mots sont déformés. Si les gens lisaient nos lettres et nos textos de façon similaire, nous serions également mal compris. Nous ne pouvons pas nous permettre de faire cette erreur en lisant le message le plus important qui puisse exister. Ne manquez pas le véritable sens de l'évangile de Dieu parce que vous êtes trop occupés à façonner votre propre version de la Bonne Nouvelle.

Si vous êtes membre d'une Église où l'évangile de la prospérité est prêché, vous aurez du mal à croire que ce n'est pas l'Évangile. Après tout, vous aurez déjà mémorisé des versets de la Bible qui semblent confirmer cette théologie de la prospérité. Le problème n'est pas dans les versets que vous apprenez, mais plutôt dans la mauvaise interprétation que les prédicateurs de la prospérité donnent à ce verset.

Dans ce chapitre, nous voulons aborder quelques fausses interprétations les plus répandues de la Bible qui servent de base de proclamation de l'évangile de la prospérité. Nous allons chercher à comprendre le véritable sens de ce que Dieu nous dit dans ces textes en étudiant leurs contextes et leur signification, plutôt que de leur imposer nos propres interprétations. Traitons donc la Parole de Dieu avec respect et attention.

Sa pauvreté et nos richesses

Commençons par 2 Corinthiens 8.9 : « Car vous connaissez la grâce de notre Seigneur Jésus-Christ, qui pour vous s'est fait pauvre, de riche qu'il était, afin que par sa pauvreté vous fussiez enrichis. » Les prédicateurs de la prospérité utilisent ce verset pour proclamer que Christ est mort afin que nous soyons prospères. Pourtant, lorsque vous lisez le contexte de 2 Corinthiens 8 vous découvrez tout de suite qu'il est question de chrétiens qui donnent de leurs biens à d'autres chrétiens. En outre, Paul demandait aux Corinthiens d'imiter le don sacrificiel de chrétiens qui étaient eux-mêmes très pauvres.

*Nous vous faisons connaître, frères, la grâce de Dieu
qui s'est manifestée dans les Églises de la Macédoine.
Au milieu de beaucoup de tribulations qui les ont
éprouvées, leur joie débordante et leur pauvreté profonde ont produit avec abondance de riches libéralités de leur part (2 Co 8.1,2).*

Paul soutient, comme un exemple de piété, les chrétiens
pauvres en Macédoine qui continuaient de se sacrifier pour
subvenir aux besoins des autres. Puis, au verset 9 du même
chapitre, pour faire prévaloir son point de vue, Paul com-
pare leurs actes à l'exemple, beaucoup plus grand, de celui
qui s'est sacrifié pour notre bien.

Il est donc totalement erroné de lire ce chapitre et
conclure qu'il s'agit de *nous enrichir*. Au contraire, en nous
donnant ici deux exemples à suivre, Dieu nous enseigne
par l'apôtre Paul que nous devrions vivre une vie de sacrifice et de générosité. La joie des Macédoniens et de Christ
ne provient pas de la richesse, mais de l'amour de Dieu qui
les amène à donner de manière *sacrificielle pour le bien
des autres*.

Selon ce verset, à quelles richesses Christ a-t-il renoncé
et auxquelles les chrétiens à leur tour doivent-ils renoncer ? Est-ce à une richesse matérielle que Christ a renoncé
pour venir nous sauver ? La Bible et la simple logique nous
montrent clairement que ce n'est pas de cela qu'il s'agit.

*Que chacun de vous, au lieu de considérer ses propres
intérêts, considère aussi ceux des autres. Ayez en
vous les sentiments qui étaient en Jésus-Christ,
lequel, existant en forme de Dieu, n'a point regardé
comme une proie à arracher d'être égal avec Dieu,
mais s'est dépouillé lui-même, en prenant une forme*

de serviteur, en devenant semblable aux hommes
(Ph 2.4-7).

Christ était effectivement pauvre lorsqu'il était sur la terre comme les évangiles nous le montrent à plusieurs reprises (Lu 9.58). Mais, dans le texte ci-dessus, nous voyons que Christ s'est humilié en quittant le ciel, renonçant à sa gloire, ainsi qu'à la communion spirituelle et intime dont il jouissait avec son Père pour venir dans ce monde sous une forme humaine. Ce que Christ a laissé a beaucoup plus de valeur qu'une richesse matérielle. Les richesses que Christ a (temporairement) abandonnées pour notre cause sont des richesses célestes et spirituelles. Et voici les richesses pour lesquelles Christ s'est donné pour nous à la croix : la réconciliation et la communion avec Dieu (Jn 17.24).

Toutefois, dans les siècles à venir, selon Apocalypse 21, il y aura des rues d'or pur dans la nouvelle Jérusalem (v. 21). Est-ce là la motivation d'un chrétien pour vouloir habiter cette ville ? Continuez la lecture et vous verrez dans les versets qui suivent que la gloire du Père et de l'Agneau éclairera le ciel (v. 23). Voilà un sujet de joie beaucoup plus grand pour le chrétien !

Si vous vous demandez à quoi la Bible donne de l'importance, cherchez dans le livre de l'Apocalypse les allusions aux bénédictions matérielles, puis les allusions à la gloire et à l'adoration de Dieu. Le cœur qui aime Dieu soupire après le jour où nous serons dans l'adoration et la contemplation du Seigneur. En ce jour-là, les saints, rassasiés en Dieu, lui offriront une adoration sacrificielle comme les Macédoniens et Jésus-Christ l'ont fait, au lieu de s'inquiéter de ce qu'ils peuvent accumuler maintenant.

La santé et la guérison

L'un des versets très souvent utilisés pour enseigner que Dieu nous guérira de toutes nos maladies est Ésaïe 53.5 : « Mais il était blessé pour nos péchés, brisé pour nos iniquités ; le châtiment qui nous donne la paix est tombé sur lui, et c'est par ses meurtrissures que nous sommes guéris. » Notez d'abord que ce verset ainsi que ceux qui le précèdent ou le suivent décrivent la souffrance du Messie et sa mort sacrificielle pour nous. Pourquoi Christ a-t-il souffert et est-il mort ? Ce verset explique clairement qu'il est mort pour nos transgressions et nos iniquités – nos péchés. S'il est mort pour nos péchés, alors quelle est la nature de la guérison que sa mort nous apporte ? Le véritable sens de ce texte est que nous sommes guéris de notre culpabilité par le sacrifice de Christ.

L'apôtre Pierre dit : « *[Il]* a porté lui-même nos péchés en son corps sur le bois, afin que morts aux péchés nous vivions pour la justice ; lui par les meurtrissures duquel vous avez été guéris » (1 Pi 2.24). Mourir au péché et vivre dans la justice ; voilà la guérison merveilleuse et éternelle que nous offre le sacrifice de Christ.

Il est aussi vrai que, comme l'explique la Bible, l'œuvre du Christ à la croix a des implications concernant la souffrance. En nous guérissant de notre péché, Christ s'est assuré que les conséquences du péché qui a corrompu le monde, y compris la souffrance, soient également effacées. La Bible dit aussi que cette fin glorieuse de l'œuvre de la rédemption ne se produira pas avant qu'il ne revienne et mette fin à cette ère présente (Ro 8.18-25 et 1 Co 15.20-28). Nous ne pourrons pas jouir de tous les avantages de l'œuvre de la croix sur cette terre.

Un jour, nos corps seront glorifiés et la terre sera restaurée et il n'y aura plus de larmes. La foi en ce futur assuré nous donne la force d'endurer les douleurs du siècle présent : « Les souffrances du temps présent ne sauraient être comparées à la gloire à venir qui sera révélée pour nous » (Ro 8.18). Tant que nous vivrons dans des corps corrompus dans un monde déchu, nous connaîtrons la souffrance. Toutefois, nous attendons avec une ferme assurance le jour du Seigneur.

Cependant, y a-t-il des signes d'espoir qui nous rappellent que la souffrance, due à l'œuvre du Christ, sera complètement supprimée ? Bien sûr que si. Il y a une raison pour laquelle Matthieu décrit la guérison physique comme un accomplissement dans Ésaïe 53.4 (voir Mt 8.17). Et il y a également une raison pour laquelle Jésus guérissait les malades en même temps qu'il leur pardonnait leurs péchés. John MacArthur nous aide à établir le lien entre la guérison, la souffrance de Christ et notre souffrance :

> *[Ésaïe annonça que] le Messie aurait à supporter les conséquences des péchés des hommes, c'est-à-dire les chagrins et les peines de la vie. [...] Matthieu présenta le ministère de guérison de Jésus comme accomplissant par analogie ces paroles [...] En effet, la maladie est le fruit du péché, pour lequel le « serviteur » a payé de sa vie (v. 7,8 ; voir 1 Pi 2.24). Dans l'éternité, toute maladie disparaîtra, si bien que finalement cela fait partie des bénéfices de la rédemption*[1].

---

1. *La Sainte Bible avec commentaires de John MacArthur*, Société Biblique de Genève, 7ᵉ éd., 2013, voir És 53.4.

Le ministère de guérison du Christ a accompli la prophétie, démontré sa puissance et donné la preuve qu'il est Dieu. La guérison physique n'était pas le but fondamental, mais plutôt un moyen pour atteindre le but. Le but était que nous croyions en Christ pour le pardon de nos péchés et que nous soyons réconciliés avec Dieu (Jn 20.30,31). De nos jours, notre Dieu continue de guérir les malades. Dieu fait encore des miracles. Et nous avons l'assurance qu'un jour, il n'y aura plus de maladie, ni de souffrance. Cependant, n'utilisons pas la Bible de la mauvaise manière en réclamant des promesses que Dieu n'a jamais faites.

Dieu n'a pas promis une vie terrestre sans souffrance, mais il nous a promis la grâce (2 Co 12.9,10) et le bien ultime (Ro 8.28) dans les moments de souffrance. Comme l'apôtre Paul, nous tenons fermes dans les moments de souffrance afin de connaître l'espérance de sa résurrection (Ph 3.10,11). Nous mettons notre foi en l'Évangile et nous nous accrochons à l'assurance que nous avons en Christ. Cette assurance durera plus longtemps que toutes les douleurs que nous pouvons connaître dans cette vie[2].

Nos prières et les promesses de Dieu

Dans les moments difficiles, les chrétiens, dans leurs prières, demandent à Dieu sa force, son orientation et son aide. La prière est un élément essentiel de la vie de tout croyant et de toute Église. Toutefois, la force d'une vie de prière n'est pas déterminée par un compteur de mots. Ce que nous demandons dans la prière révèle la condition de notre cœur. Les Églises qui prêchent l'évangile de la

---

2. Nous y reviendrons avec plus de détails dans le chapitre sur la souffrance.

prospérité organisent souvent de longs cultes de prière, et il n'y a rien de mal à cela. Toutefois, nous devons comprendre que la motivation de nos prières est plus importante que leur longueur.

Les prédicateurs de la prospérité encouragent les Églises à baser leurs prières sur des promesses confuses et à prier pour des mauvais motifs. La promesse selon laquelle les chrétiens peuvent tout demander au Père et qu'il leur donnera ce qu'ils demandent se trouve dans plusieurs endroits dans les évangiles. C'est l'une des plus belles promesses dans la Bible. La portée de cette promesse dépasse même ce que les prédicateurs de la prospérité peuvent imaginer.

Dieu promet de répondre aux prières de ses enfants. C'est ce que disent les versets et c'est ce que cela signifie. Toutefois, ce n'est pas *tout* ce que les versets disent et signifient. Regardons de plus près Jean 15.7 : « Si vous demeurez en moi, et que mes paroles demeurent en vous, demandez ce que vous voudrez, et cela vous sera accordé. »

Le verset commence par une condition : *si vous demeurez en moi, et que mes paroles demeurent en vous.* Si vous retirez cette condition de la phrase, vous aurez inévitablement une mauvaise compréhension de la promesse. Si nous vivons en Jésus-Christ et que ses paroles prennent vie en nous, alors ce serait pour Dieu un immense plaisir d'accéder à ce que nous demandons. La Parole de Dieu est la volonté de Dieu qui nous a été révélée. Si nous nous plongeons en Jésus-Christ tel que la Parole de Dieu l'a révélé, au point où ses désirs deviennent les nôtres, alors notre volonté sera conforme à la sienne. Lorsque ce miracle se produit, nous désirerons et prierons pour demander ce que Dieu veut.

C'est la même logique que nous observons dans un autre verset qui est très mal compris : « Nous savons, du reste, que toutes choses concourent au bien de ceux qui aiment Dieu »

(Ro 8.28). Cela veut-il dire que Dieu me donnera tout ce que je veux ? Regardez bien. Les personnes mentionnées dans ce verset sont *celles qui l'aiment*. Si vous aimez Dieu, vous voudrez plus que toute autre chose la gloire et la volonté de Dieu dans votre vie. C'est un désir que Dieu veut voir s'accomplir. Jésus-Christ lui-même a donné l'exemple dans sa prière : « Mon Père, s'il est possible, que cette coupe s'éloigne de moi ! Toutefois, non pas ce que je veux, mais ce que tu veux » (Mt 26.39). Dans son humanité, il voulait se libérer de la souffrance. Toutefois, il y avait quelque chose de plus grand qu'il voulait : la volonté et la gloire de son Père. C'est le genre de prière que Dieu prend plaisir à recevoir.

La Bible enseigne clairement que Dieu fait ce qu'il veut : « Tout ce que l'Éternel veut, il le fait, dans les cieux et sur la terre, dans les mers et dans tous les abîmes » (Ps 135.6). Mais en Jésus-Christ, le plaisir de Dieu et le nôtre se rencontrent. Lorsque nous nous plongeons dans sa Parole, Dieu nous transforme par son Esprit en changeant nos valeurs, nos passions et nos désirs pour qu'ils soient conformes à sa volonté. Il nous amène à désirer ce qu'il désire et à lui faire connaître ces choses par la prière.

Cela fait-il de la promesse de Jean 15 une petite promesse ? Bien au contraire, le Dieu souverain a choisi d'accomplir sa volonté par la prière des chrétiens : « car c'est Dieu qui produit en vous le vouloir et le faire, selon son bon plaisir » (Ph 2.13). Dieu a choisi de rendre nos prières puissantes. Dieu ne dit pas : « Ne vous préoccupez pas de prier, car je ferai ce qui est le mieux pour vous, sans vous. » Au lieu de cela, il prend plaisir à faire ce qui convient pour le mieux *en réponse à nos prières*. Il change les cœurs afin que nous désirions sa parfaite volonté, et lorsque nous prions selon sa volonté, il aime nous répondre.

La Bible est pleine de modèles de prières basées sur la volonté de Dieu. Voyons, par exemple, comment les prières de Daniel étaient inspirées de la Parole de Dieu. Dans Daniel 9, nous lisons comment Daniel a découvert la prophétie de Dieu concernant la désolation de Jérusalem qui devait prendre fin après soixante-dix ans ; une époque qui approchait très rapidement. Daniel est-il resté là, à ne rien faire ? Non, cette prophétie l'a amené à prier. Dans le jeûne et la prière, Daniel a recherché la volonté de Dieu. C'est avec joie que Dieu reçut cette prière et y répondit au moment où les exilés rentrèrent chez eux. Voici comment Dieu opère et comment nous devrions prier.

Nous devons veiller à interpréter Jean 15 et les passages similaires de la Bible à la lumière de la volonté souveraine de Dieu à travers nos prières. Lorsque nos cœurs sont immergés dans la Parole de Dieu, nous désirons la volonté et la gloire de Dieu par-dessus tout. Cette attitude nous conduira à prier comme Christ l'a fait dans le jardin de Gethsémané. Cependant, si nous perdons de vue la volonté de Dieu et devenons obsédés par nos propres désirs charnels, cela prouve que nous ne sommes pas en Jésus-Christ. Nous ne pouvons pas demander l'aide de Dieu et au même moment nous opposer à sa volonté. Dieu a un meilleur plan pour la prière. Ne sortons pas de ce plan à cause de notre interprétation égoïste et erronée de sa Parole.

Semer et moissonner

Le concept biblique de *semer et moissonner* a été très souvent mal interprété. Dans de nombreuses Églises, ce concept est connu comme la « loi de la semence et de la moisson ». Deux des versets les plus couramment utilisés pour soutenir ce concept sont 2 Corinthiens 9.6 (« Sachez-le, celui qui sème peu moissonnera peu, et celui qui sème abondamment moissonnera abondamment ») et Galates 6.7 (« Ne vous y trompez pas : on ne se moque pas de Dieu. Ce qu'un homme aura semé, il le moissonnera aussi »). Quel est le message de Dieu pour nous dans ces versets?

D'abord, notons que ces versets sont simples à comprendre. Ils signifient ce qu'ils disent, et ils sont conçus pour que la perspective de notre récolte nous motive à semer. C'est ainsi que les choses fonctionnent dans la vie. Nous devons tous vivre de façon à produire des bénéfices. Il ne serait d'aucune utilité de semer, s'il n'y a pas à l'horizon un espoir de récolter. Le problème avec les prédicateurs de l'évangile de la prospérité, ce n'est pas d'espérer une récolte après les semailles, *mais plutôt leur trop petite conception de ce qu'est la moisson.* Ils pensent à un gain temporaire alors qu'un gain permanent leur est offert. Ils ont leur attention portée sur des choses insatisfaisantes et manquent une bénédiction profondément satisfaisante. Ils prêchent des trésors monétaires alors qu'un don de valeur inestimable les attend.

Le principe de la semence et de la moisson que prône l'évangile de la prospérité s'éloigne de l'enseignement de la Bible de diverses manières. Ce principe défie la perspective céleste que la Bible nous demande d'avoir. Cette perspective céleste devrait nous permettre de savoir comment semer de notre temps, de notre énergie, de nos talents et de notre argent pour le royaume de Dieu.

Ne vous amassez pas des trésors sur la terre, où la teigne et la rouille détruisent, et où les voleurs percent et dérobent ; mais amassez-vous des trésors dans le ciel, où la teigne et la rouille ne détruisent point, et

où les voleurs ne percent ni ne dérobent. Car là où est
ton trésor, là aussi sera ton cœur (Mt 6.19-21).

L'idée de posséder des trésors n'est pas du tout mauvaise. C'est pourquoi nous devons rechercher le trésor éternel, plutôt qu'un trésor qui ne peut durer longtemps. Quel pauvre évangile est celui qui consiste à nous offrir simplement un trésor terrestre ! En revanche, c'est la connaissance et l'espoir en leur trésor éternel qui a permis au peuple de Dieu d'endurer la persécution même en perdant leurs biens terrestres. C'est à juste titre que l'auteur de l'épître aux Hébreux rend témoignage de ses frères en disant : « vous avez accepté avec joie l'enlèvement de vos biens, sachant que vous avez des biens meilleurs et qui durent toujours » (Hé 10.34). Voilà ce que Dieu offre à son peuple : des semences spirituelles et des récoltes éternelles.

L'évangile de la prospérité fait également la promotion de l'amour de l'argent, alors que la Bible est très explicite sur les dangers de cette approche de la vie. L'enseignement de l'apôtre Paul sur ce phénomène est très clair :

Car l'amour de l'argent est une racine de tous les
maux ; et quelques-uns, en étant possédés, se sont
égarés loin de la foi, et se sont jetés eux-mêmes dans
bien des tourments. Pour toi, homme de Dieu, fuis
ces choses, et recherche la justice, la piété, la foi, la
charité, la patience, la douceur (1 Ti 6.10,11).

Ce que l'on appelle pratiquer le principe de la semence et de la moisson n'est en grande partie qu'une couverture pour cacher l'amour de l'argent. Cela dit, peu importe comment nous appelons cette pratique, si ce sont les choses matérielles qui nous intéressent, c'est tout ce que

nous récolterons, et nous passerons à côté des biens spirituels. En effet, nous moissonnons effectivement ce que
nous semons. Et malheureusement, plusieurs, après avoir
pratiqué ce qu'ils pensaient être un principe biblique, ont
fini par ne récolter que peines et douleurs. Si nous aimons
l'argent, ce que Dieu nous a expressément mis en garde de
ne pas faire, nous pourrons peut-être obtenir des plaisirs
et des avantages éphémères. Toutefois, comme l'argent ne
peut satisfaire nos âmes ou guérir nos cœurs, ce que nous
récolterons à la fin de ces semailles désobéissantes, c'est la
tristesse et la mort.

En outre, l'idée de l'évangile de la prospérité de semer et
de récolter contredit la Bible en suggérant que Dieu n'a aucun
problème à être remplacé par les idoles. Que voulons-nous
dire ? Lorsque nous nous servons de la Bible pour justifier
notre poursuite idolâtrique de l'argent, nous faisons de Dieu
le pourvoyeur volontaire de notre idole préférée. Toutefois,
la colère de Dieu s'abat sur ceux qui relèguent sa merveilleuse gloire au second rang afin de se tourner vers d'autres
dieux. Le peuple de Dieu cherche le véritable trésor qui est
Dieu lui-même.

*Mais ces choses qui étaient pour moi des gains,
je les ai regardées comme une perte, à cause de
Christ. Et même je regarde toutes choses comme une
perte, à cause de l'excellence de la connaissance de
Jésus-Christ mon Seigneur, pour lequel j'ai renoncé
à tout, et je les regarde comme de la boue, afin de
gagner Christ (Ph 3.7,8).*

Ce verset n'aurait certainement aucun sens pour quiconque pratique le principe de la semence et de la moisson tel que présenté par l'évangile de la prospérité. Paul dit

que les choses matérielles pour lesquelles les prédicateurs de l'évangile de la prospérité nous encouragent à venir à Jésus-Christ sont *celles qu'il a abandonnées afin de gagner Christ.* Que préfères-tu : les richesses de ce monde ou Dieu ? Où se trouve ton trésor ?

À présent, examinons spécifiquement quelques passages utilisés par les prédicateurs de la prospérité pour justifier leur approche du concept de semer et moissonner. Nous avons vu précédemment que Paul a félicité les Macédoniens pour le soutien financier qu'ils offrent à l'Église de Jérusalem, malgré leur pauvreté. Selon Paul, à quoi ces généreux donateurs doivent-ils s'attendre à recevoir en réponse de leurs actes de générosité ?

Quand les chrétiens sèment dans la générosité, ils récoltent la gloire et l'honneur qu'ils remettent à Dieu. Il n'y a aucune autre meilleure récolte possible. Continuez la lecture et vous verrez que leur générosité « *[fera]* offrir à Dieu des actions de grâces » (9.11). En pourvoyant aux besoins du peuple de Dieu, ces chrétiens suscitent « de nombreuses actions de grâces envers Dieu » (9.12). Et ceux qui reçoivent ces dons « glorifient Dieu » à cause de leur obéissance (9.13). Jésus lui-même nous a instruit ainsi: « Que votre lumière luise ainsi devant les hommes, afin qu'ils voient vos bonnes œuvres, et qu'ils glorifient votre Père qui est dans les cieux » (Mt 5.16). Le message est clair : donner pour que Dieu soit glorifié. Quand nous semons pour Dieu, nous récoltons l'énorme bénédiction qui est de glorifier et d'honorer Dieu.

Bien que ce ne fût pas son objectif, Paul a tout de même abordé la question des avantages matériels. De quelle manière et dans quel but Paul a-t-il décrit les bénédictions matérielles destinées à ceux qui donnent avec un cœur généreux ? Paul dit que ceux qui donnent recevront de Dieu

encore plus afin qu'ils puissent continuer à bénir les autres :
« Et Dieu peut vous combler de toutes sortes de grâces, afin
que, possédant toujours en toutes choses de quoi satisfaire à
tous vos besoins, vous ayez encore en abondance pour toute
bonne œuvre » (2 Co 9.8). Il ne leur promet pas le luxe,
mais il leur donne ce qu'ils ont besoin. Le but pour lequel
ils reçoivent n'est pas d'accumuler de la richesse, mais de
donner : « vous serez de la sorte enrichis à tous égards pour
toute espèce de libéralités » (v. 9,11). Si vous pensez que ce
texte parle d'amasser de l'argent, c'est que vous avez complètement raté l'essentiel. Dieu promet à ses enfants ce qu'il faut
pour le servir, et non le luxe pour l'ignorer.

Quant à Galates 6.7, l'étude de son contexte nous révèle
que Paul a enseigné quelque chose de très différent de l'évangile de la prospérité. Dans ce texte, il n'est pas question de
recevoir mais de donner. Les chrétiens doivent « *[porter]*
les fardeaux les uns des autres* » (6.2), « *[faire]* part de tous
[leurs] biens à celui qui *[les]* enseigne » (6.6), « ne pas *[se
lasser]* de faire le bien » (6.9) et « *[pratiquer]* le bien envers
tous » (6.10). Les semailles dans ce chapitre, c'est de bénir
les autres. Alors, qu'en est-il de la moisson ?

Dans Galates 6.8, Paul présente le principe de semer et
de moissonner comme un avertissement des conséquences
du refus de faire le bien. « Celui qui sème pour sa propre
chair moissonnera de la chair la corruption », et il ajoute :
« mais celui qui sème pour l'Esprit moissonnera de l'Esprit
la vie éternelle ». Un examen attentif de ce passage nous
apprend que loin de soutenir l'évangile de la prospérité,
Paul le blâme avec la plus grande fermeté. Ceux qui sèment
pour Dieu récoltent des bénédictions spirituelles.

Lorsque vous donnez aux autres avec le motif d'en récolter un gain financier ou autre, alors c'est pour la chair que
vous semez. Ceux qui marchent selon la chair n'hériteront

pas du royaume de Dieu. Toutefois, bénir les autres de façon désintéressée est une preuve de l'œuvre de l'Esprit. Pour les saints, la moisson est la vie éternelle, et les Galates furent encouragés à continuer de donner, car un jour ils récolteront le fruit de leur œuvre. Dieu nous donne afin que nous puissions donner aux autres. Notre récompense n'est pas matérielle ni mondaine, mais plutôt spirituelle et éternelle.

La théologie de la parole de foi

Un autre message populaire de nombreux prédicateurs de la prospérité aujourd'hui, c'est la théologie de la « parole de foi ». Ils enseignent que nos paroles ont le pouvoir de créer la réalité. Nous pouvons, dit-on, amener à l'existence la santé et la prospérité en faisant des proclamations positives de ce que nous désirons. Une fois de plus, ce faux enseignement repose fondamentalement sur une mauvaise compréhension de plusieurs versets bibliques.

La foi qui est développée dans cet enseignement n'est pas une vraie foi en Dieu, mais plutôt une foi en soi-même. Les enseignements donnés encouragent l'homme à se voir comme étant le propre maître de sa destinée. On dit que si vous croyez avec confiance, vous pouvez vous-même tracer votre propre avenir et acquérir les désirs de votre cœur. Lorsque ces désirs ne se matérialisent pas, alors on vous reproche d'avoir peu de foi.

Bien que beaucoup de ces prédicateurs fondent rarement leurs enseignements sur les saintes Écritures, ils citent parfois Hébreux 11.1 comme preuve. Dans la version anglaise *King James*, l'auteur de l'épître aux Hébreux dit : « la foi est la *substance* des choses qu'on espère ». S'appuyant sur le mot « substance » (*confiance* ou *assurance* dans d'autres versions), les prédicateurs de la parole de foi affirment que c'est la foi qui *crée* la substance. Si tel était le cas, Dieu ne serait pas le seul Créateur ; nous pourrions nous joindre à lui en créant par notre parole, faisant valoir ainsi notre volonté.

Nous pouvons une fois encore remédier à cette interprétation erronée si nous traitons la Bible avec respect et étudions bien le contexte duquel est tiré chaque verset. Lisez l'épître aux Hébreux et vous comprendrez clairement que l'auteur *n'enseigne pas* à ses interlocuteurs comment utiliser la puissance de la foi pour *changer* les circonstances de leur vie. Dans les versets qui précèdent ce chapitre 11, l'auteur félicite ses interlocuteurs pour avoir « soutenu un grand combat au milieu des souffrances » (10.32) et « accepté avec joie l'enlèvement de *[leurs]* biens » (10.34). Puis, au verset 35, l'auteur les encourage à continuer avec la même confiance qui les habitait dans ces circonstances désastreuses. Quelle était cette confiance ?

C'était, d'abord, une foi empreinte de patience et non entretenue par le sentiment d'un dû à réclamer. « Car vous avez besoin de persévérance, afin qu'après avoir accompli la volonté de Dieu, vous obteniez ce qui vous est promis » (10.36). La foi des chrétiens hébreux s'est avérée réelle après qu'ils eurent enduré, et non évité, la souffrance : « Nous, nous ne sommes pas de ceux qui se retirent pour se perdre, mais de ceux qui ont la foi pour sauver leur âme » (10.39). De plus, il s'agissait d'une confiance basée sur les choses éternelles, comme en témoigne cette affirmation : « sachant que vous avez des biens meilleurs et qui durent toujours » (10.34). Leur « grande récompense » n'était pas quelque chose d'éphémère comme la santé ou les possessions matérielles.

La foi que nous observons dans Hébreux 10 et 11 a permis à ces chrétiens de voir au-delà de leur souffrance actuelle, et de considérer l'éternité que Dieu leur a réservée. Cette assurance en leur héritage à venir leur a donné la force de *laisser tomber* leurs biens terrestres. Alors que les gens du monde vivent pour ce qu'ils peuvent obtenir maintenant, les chrétiens, eux, ont une motivation totalement différente.

Les exemples de foi que nous voyons dans Hébreux 11 n'ont donc rien à voir avec la puissance de la foi qui change les circonstances (ce n'est pas la foi, mais Dieu qui change les circonstances). Au contraire, ce sont des exemples de personnes agissant sur la base d'une réalité future qui ne pouvait être vue et possédée que par la foi parce qu'elle n'était pas matérielle ou terrestre. Cela inclut les croyants qui étaient torturés, battus, emprisonnés, et même tués. La foi qu'ils avaient leur a permis de supporter la souffrance et, après la mort, de recevoir le but et la récompense de leur foi : la gloire éternelle qui les attendait. « Ils désirent une meilleure *[patrie]*, c'est-à-dire une céleste » (Hé 11.16).

C'est un grand péché d'enseigner aux croyants, qui sont appelés à supporter les souffrances présentes en vue d'une récompense éternelle, qu'ils devraient plutôt chercher et réclamer des récompenses maintenant. Ce faux enseignement empêche les chrétiens qui souffrent de profiter de la grâce et de l'espoir que procure la foi véritable. Le message de la parole de foi, exposé comme un mensonge, a également éloigné les gens de l'Église et du christianisme. Que tous ceux qui ont la responsabilité et le privilège de prêcher la parole de Christ se souviennent de ses paroles : « Mais, si quelqu'un scandalisait un de ces petits qui croient en moi, il vaudrait mieux pour lui qu'on suspendît à son cou une meule de moulin, et qu'on le jetât au fond de la mer » (Mt 18.6).

Conclusion

L'évangile de la prospérité repose sur des interprétations erronées qui déforment complètement le sens de la Bible. Cette façon de faire détourne les chrétiens de l'adoration de Dieu pour les tourner vers une adoration de soi-même et une confiance en un faux évangile. Nous devons traiter la Parole de Dieu avec sincérité et sérieux afin de parvenir à la connaissance de la vérité et que, par elle, nous soyons libres.

Lorsque notre Seigneur Jésus-Christ quitta les cieux et prit une forme humaine, il n'a pas abandonné les avantages matériels ni ne nous les a promis non plus. Il a abandonné des richesses *célestes*, la gloire et l'amour qu'il partageait avec son Père, pour venir dans notre monde afin que nous puissions partager avec lui ces mêmes bénédictions pour toujours. Quand Christ a vécu une vie de souffrance et ensuite est mort sur la croix, la punition qu'il a subie avait pour but de nous guérir de notre plus profonde blessure – notre péché. Dieu nous promet donc quelque chose de bien plus important et précieux que la santé ou la richesse du siècle présent. Grâce à sa mort et à sa résurrection, Jésus nous a fait la promesse d'une réconciliation permanente avec Dieu et d'une vie totalement libérée de l'esclavage du péché dans les siècles à venir.

Lorsque le peuple de Dieu expérimente le salut en Jésus, il veut glorifier Dieu plus que toute autre chose. Voyons combien merveilleux est le plan de Dieu : il se sert des désirs purs que son peuple exprime dans la prière pour réaliser sa volonté. Ce n'est pas étonnant que la Bible nous encourage, dans nos actes, à semer généreusement pour des motifs spirituels. Si nous agissons ainsi, Dieu nous fait la promesse d'une moisson éternelle qu'il a préparée pour nous au ciel.

Chapitre 2

VRAIE ET FAUSSE PROSPÉRITÉ

Michael Otieno Maura

Il bâtit ensuite une ville, et il donna à cette ville le nom de son fils Hénoc (Ge 4.17).

Seth eut aussi un fils, et il l'appela du nom d'Énosch. C'est alors que l'on commença à invoquer le nom de l'Éternel (Ge 4.26).

De nos jours, dans plusieurs pays, les gens parlent de prospérité. Elle domine notre imagination et imprègne nos conversations. Et puisqu'elle est au centre de notre culture, elle est aussi montée en chaire. Il existe de nombreux prédicateurs qui proclament un évangile de prospérité matérielle. Pourtant, cette prospérité qui a saisi les cœurs et les esprits des hommes et des femmes, des rues aux églises, est une fausse prospérité. C'est une fausse prospérité contre laquelle la Bible nous a mis en garde à plusieurs reprises.

Dès Genèse 4.17-26, nous observons un contraste entre la famille impie de Caïn et la famille pieuse de Seth. La famille de Caïn pouvait se vanter de ses grandes réussites et de sa prospérité matérielle. Elle avait l'air d'avoir réussi, mais sa richesse ne venait pas de Dieu. Loin de Dieu, sa prospérité était éphémère et fugace ; elle était de ce monde et pour ce monde. La famille de Seth ne pouvait pas se vanter d'avoir de tels biens matériels. Cependant, cette famille invoquait le nom du Seigneur, et c'est ce qui lui faisait honneur. Cette famille connaissait une vraie et durable prospérité fondée en Dieu.

Le message que l'on prêche aujourd'hui dans la plupart des chaires est centré sur le succès et la prospérité matérielle : maisons et voitures, réussite dans les affaires, argent, santé et bonheur. Ce genre de prédication est en conflit direct avec la Parole de Dieu de la Genèse aux évangiles, même jusqu'aux épîtres. Notre prédication devrait amener les pécheurs à invoquer le nom du Seigneur. Elle devrait conduire les gens à implorer la miséricorde et le salut par le Seigneur Jésus-Christ dans la repentance et la foi, selon les promesses de Dieu et dans l'attente d'un héritage futur.

Deux villes

Caïn bâtissait une ville (Ge 4.7). En apparence, il semblait prospère. Aux yeux de ce monde, Caïn réalisait des progrès et accomplissait de grandes choses.

Comme beaucoup d'entre nous, Caïn a pris conscience de son besoin de sécurité. Après avoir tué son frère, Dieu l'a chassé de sa présence et l'a condamné à une vie de fugitif. Cependant, pour l'aider à supporter la peur qui le hantait à cause du sort qui lui était réservé, Dieu l'a gracieusement marqué d'un signe de protection. Pourtant, malgré la bonté de Dieu envers lui, Caïn prit les choses en main. Qu'est-ce que cette histoire nous enseigne au sujet de Caïn et de son ouvrage ?

Caïn travaillait très dur pour devenir quelqu'un d'important sur la terre. Ses pensées et son énergie se focalisaient sur cette vie. Il recherchait un honneur familial et a donné le nom de son fils à une ville. Il accomplit toutes ces choses à une ère de grands changements sociaux. Notez toutes les nouvelles choses qui sont décrites dans ces versets : l'agriculture moderne ; la musique et l'art ; le travail à la machine et la technologie. C'était une cité d'entreprises et de succès. Or, les habitants de cette ville ne connaissaient pas Dieu. Caïn marcha loin de la présence de Dieu et travaillait pour sa propre gloire.

Même de nos jours, hommes et femmes se battent et travaillent dur pour se faire un nom sur cette terre. Les gens se disent : si j'obtiens un bon travail, si je trouve une femme (ou un mari), si je vis confortablement, alors je serai heureux et comblé. Ça, c'est la voix de Caïn, et nous devrions nous en méfier. Les choses peuvent paraître reluisantes de l'extérieur, mais spirituellement nous pouvons courir un véritable danger. L'histoire de Caïn nous démontre qu'avoir une ville ou une grande maison n'est pas la preuve qu'une personne est juste devant Dieu. Le plus important, c'est la richesse spirituelle qui vient d'un changement radical dans notre être intérieur. Voici ce que le Seigneur Jésus dit à ce sujet : « il faut que vous naissiez de nouveau » (Jn 3.7).

La ville de Caïn fut construite pour la gloire de l'homme. Son zèle déplacé pour faire régner son nom sur la terre a eu de grands échos au cours des siècles jusqu'à notre propre ère matérialiste. Travail, biens matériels, divertissement, célébrité ; voilà le chemin de la réussite que notre monde nous assure. Ce sont les matériaux que nous utilisons pour bâtir nos villes. Et tout ce travail a pour inspiration la gloire de l'homme. Le chemin de Caïn conduit pourtant à la destruction parce que « si l'Éternel ne bâtit la maison, ceux qui la bâtissent travaillent en vain ; si l'Éternel ne garde la ville, celui qui la garde veille en vain » (Ps 127.1).

Dieu est en train de bâtir une ville différente, une ville qui est pour sa gloire. Ceux qui aiment Dieu attendent avec impatience cette ville céleste. Nous avons appris des héros de la foi qu'« ils désirent une meilleure *[patrie]*, c'est-à-dire une céleste patrie. C'est pourquoi Dieu n'a pas honte d'être appelé leur Dieu, car il leur a préparé une cité » (Hé 11.16). La réalité, c'est que « nous n'avons point ici-bas de cité permanente, mais nous cherchons celle qui est à venir » (Hé 13.14). Paul écrit : « Mais notre cité à nous est dans les cieux, d'où nous attendons aussi comme Sauveur le Seigneur Jésus-Christ » (Ph 3.20).

C'est une tragédie de voir que beaucoup de prédicateurs ne prêchent plus au sujet de la cité céleste. Ils sont plutôt occupés à diriger nos regards vers la cité mondaine de Caïn. Ils ne prêchent plus l'espérance sûre et infaillible du chrétien, qui est « un héritage qui ne se peut ni corrompre, ni souiller, ni flétrir, *[et qui]* est réservé dans les cieux » (1 Pi 1.4). Au contraire, ils motivent les gens à poursuivre le succès du monde, le bonheur et la satisfaction dans cette courte vie.

Bien-aimé prédicateur, il y a deux villes. Laquelle prêches-tu ? Bien-aimé dans le Seigneur, vers laquelle des deux villes cours-tu de toute ta force ?

La cité de Caïn n'était pas une cité durable ; elle n'a pas subsisté. Certains commentateurs de la Bible ont même affirmé que Caïn n'a jamais achevé la construction de cette cité. Ceux qui recherchent le succès dans les choses que ce monde offre finiront par être déçus. Ils se verront séparés de Dieu pour toute l'éternité.

Par contre, la famille de Seth a invoqué le nom du Seigneur. Elle a connu la vraie prospérité. Elle a cru aux promesses de Dieu, attendant impatiemment l'éternelle cité céleste. Les vrais croyants fondent leur espérance sur la vie éternelle avec Dieu ; ceux-là ne seront jamais déçus.

La polygamie n'est pas une marque de prospérité

L'histoire de Caïn et de sa famille nous donne un autre avertissement. C'est Lamech[1], un descendant de Caïn, qui a introduit la polygamie dans le monde. Certaines personnes voient aujourd'hui la polygamie comme étant une marque de prospérité. En Afrique, avoir de nombreuses femmes est interprété comme un signe de richesse, de pouvoir ou de renommée. Quand j'étais encore jeune, lorsque je voyais un homme épouser une autre femme, c'est qu'il venait d'avoir une promotion au travail. Lorsqu'un homme avait une seule épouse, on disait de lui qu'il ne possédait qu'un seul œil. Récemment, un dirigeant africain a épousé une cinquième femme ; ce fut l'objet d'une grande réjouissance. Nous voyons souvent des hommes faire défiler leurs épouses devant d'autres personnes pour qu'on sache à quel point ils sont prospères et puissants. Il y a même un prédicateur qui affirmait que Dieu lui était apparu et lui avait dit d'épouser une autre femme. Aujourd'hui, il soutient la polygamie.

Cependant, dans Genèse 4.19, nous voyons que c'était Lamech[1], un descendant impie de Caïn, qui fut le premier

---

1. Ce Lamech est différent du descendant de Seth qui fut le père de Noé.

à corrompre l'institution du mariage avec la polygamie. Genèse 2.24 nous enseigne clairement que c'est seulement un homme et une seule femme qui deviennent une seule chair. Lamech a violé cette instruction très claire que Dieu a donnée. Puisque le mariage selon Dieu se fait entre un seul homme et une seule femme (Mt 19.4,5), la polygamie n'est donc pas un signe de prospérité telle que notre culture veut nous faire croire ; c'est un péché. Si vous êtes marié à une femme, la volonté de Dieu est que vous lui restiez fidèle. Si vous aspirez au mariage, je vous supplie, au nom du Seigneur, de ne pas suivre le même chemin que Lamech.

Pour ceux qui sont déjà polygames, je vous exhorte à venir au Seigneur tels que vous êtes, car la Bible dit que « chacun demeure dans l'état où il était lorsqu'il a été appelé » (1 Co 7.20). Tu ne dois abandonner aucune de tes femmes. Certaines Églises ne permettent pas, à tort, que les membres d'un foyer polygame appartiennent à l'Église et participent au repas du Seigneur. Ce qu'on ne devrait pas permettre est qu'ils occupent des postes de leader dans l'Église (1 Ti 3.2). Ceux qui viennent à Christ ne doivent pas abandonner les femmes qu'ils ont épousées avant d'être sauvés, mais ceux-ci ne doivent en aucune manière faire la promotion de la polygamie.

La polygamie n'est pas une marque de prospérité, mais plutôt une transgression de la loi de Dieu, et la Bible est formelle sur les conséquences qui s'en suivent. Plusieurs d'entre les femmes de Salomon ont détourné son cœur de Dieu (1 R 11.4). La polygamie a causé de la souffrance à Rebecca et à Isaac (Ge 26.35) ; elle crée la jalousie entre les femmes (Ge 30.1 ; 1 Sa 1.6), et les querelles entre les enfants (Ge 37 ; Jg 9). Je viens d'une famille polygame et je comprends très bien cela. Lorsque le père décède, les disputes et les rivalités vont jusqu'à diviser la famille, et ce, souvent même avant l'enterrement. La polygamie n'est pas une marque de prospérité.

N'enviez pas ceux qui ne craignent pas Dieu

S'ils avaient vécu à notre époque, Caïn et ses descendants auraient été considérés comme des modèles de réussite : ils étaient riches ; ils avaient du succès dans le domaine de la culture et de la technologie, et ils avaient plusieurs femmes. La logique de l'évangile de la prospérité pousse plusieurs à supposer, à tort, que les équivalents modernes de la famille de Caïn sont bénis. Même pour les croyants qui refusent de fonder leur espoir sur les biens de ce monde, il y a encore des tentations à surmonter. La convoitise détourne constamment notre attention de notre but unique qui est la poursuite de la cité de Dieu.

Nous regardons la prospérité et les réalisations de ceux qui ne craignent pas Dieu et cela nous rend perplexes comme le psalmiste : « Toutefois mon pied allait fléchir, mes pas étaient sur le point de glisser ; car je portais envie aux insensés, en voyant le bonheur des méchants » (Ps 73.2,3). Le psalmiste établit ensuite un lien étroit entre la famille de Caïn et ce qu'annoncent les prédicateurs de la prospérité. Les méchants, dit-il, semblent n'avoir aucun souci : leurs corps respirent la santé et la vitalité, ils ont de la fierté, sont à l'aise, et sont de plus en plus riches.

Alors que la Bible reconnaît que nous sommes tentés, elle ouvre aussi nos yeux afin de nous aider à lutter contre la tentation. Dieu a montré au psalmiste que les riches qui sont arrogants et indifférents se tiennent au bord de l'abîme. Le sort final de ces personnes, c'est la destruction (Ps 73.17-20). Au lieu de les envier, nous devrions plutôt éprouver de la compassion pour eux. La présence et la sagesse de Dieu ont changé le point de vue du psalmiste sur les impies prospères. Nos pensées et notre vie doivent être à la lumière de l'éternité.

Les descendants de Caïn n'étaient pas connus pour leur adoration vouée à Dieu, mais plutôt pour leurs réalisations mondaines et leur prospérité. Ils ne connaissaient pas Dieu et leurs réalisations ne pouvaient pas couvrir leur rejet de celui dont ils avaient le plus besoin. Bien sûr, les choses matérielles ne sont pas forcément mauvaises. Cependant, si nous vivons pour la prospérité matérielle et le succès, nous sommes semblables à celui qui construit sa maison sur le sable. Les descendants de Caïn vécurent sur un terrain glissant et leur fin était le jugement. Ils ont certainement pensé avoir réalisé de grandes choses, mais ils n'ont rien construit de durable.

Dieu a dit à son peuple : « Et toi, rechercherais-tu de grandes choses pour toi-même ? Ne les recherche pas » (Jé 45.5). Il a répété avec insistance aux enfants d'Israël de ne pas se vanter de leur sagesse, de leur force et de leur richesse (Jé 9.23). Et pourtant, aujourd'hui, les prédicateurs de la prospérité nous demandent de vivre pour ces choses-là. Nous voyons encore et encore que la chose la plus importante dans la vie est d'avoir une relation intime et juste avec Dieu. Comme Dieu a déclaré : « Mais que celui qui veut se glorifier se glorifie d'avoir de l'intelligence et de me connaître » (Jé 9.24).

La vraie prospérité

À quoi ressemble donc cette prospérité spirituelle que Dieu veut que nous recherchions ? Après nous avoir montré le mauvais exemple de la famille de Caïn, Genèse 4 nous indique la bonne direction à suivre : « C'est alors que l'on commença à invoquer le nom de l'Éternel » (Ge 4.26). Pour ces premiers croyants, Dieu était où il devait être, c'est-à-dire au centre de leur vie. Ils avaient placé en lui leur confiance et ils cherchaient continuellement sa face dans l'adoration. Adorer Dieu, c'est le but pour lequel l'homme a été créé. Comme le dit le Petit catéchisme de Westminster, « le but principal de la vie de l'homme est de glorifier Dieu et de se réjouir en lui pour toujours. »

Depuis les descendants de Seth jusqu'aux premiers chrétiens, le peuple de Dieu s'est toujours distingué comme un peuple d'adorateurs de Dieu. Le peuple de Dieu est différent du monde parce le nom, l'honneur, la gloire et la réputation de Dieu valent, à leurs yeux, plus que tout ce que le monde peut offrir. La famille de Seth a adoré celui qui promet et réalise sa promesse ; celui qui avait promis un Sauveur. C'est ce Dieu fidèle que les chrétiens adorent aujourd'hui ; celui qui a tenu sa promesse et a envoyé le Seigneur Jésus-Christ. Les chrétiens croient en la promesse de Dieu et attendent avec une grande joie le retour du Seigneur Jésus-Christ ainsi que l'arrivée des nouveaux cieux et de la nouvelle terre.

L'évangile de la prospérité détourne les gens du vrai évangile centré sur Christ. Il détourne leur attention de la mort du Seigneur Jésus au Calvaire. Cet évangile nous détourne du prix que Christ a payé pour notre péché. Il nous fait perdre de vue le pardon et la sainteté. Il obscurcit le grand espoir du retour de Christ et de la vie nouvelle que nous aurons avec lui.

Dieu ne nous sauve pas avec l'intention première de nous bénir matériellement ; il nous sauve en vue de nous transformer et nous rendre semblables à Christ. Paul écrit : « Ne vous conformez pas au siècle présent, mais soyez transformés par le renouvellement de l'intelligence » (Ro 12.2). L'Église chrétienne, depuis les temps les plus anciens à nos jours, a toujours reconnu que l'expiation de nos péchés, accomplie par le Seigneur Jésus sur la croix du calvaire, est le thème central du message chrétien (És 53.5 ; Jn 1.29 ; 2 Co 5.21 ; 1 Jn 4.10). Pourtant, c'est le contraire que nous entendons aujourd'hui, car l'homme et ce qu'il peut obtenir de Dieu sont au cœur du message. Même les chorales entonnent des chants dont le thème prédominant est « Bénis-moi, Seigneur ! ». Nous devons retourner au message central de la Bible. Ceux qui connaissent le Seigneur et font de lui le centre de leur vie connaissent la vraie prospérité.

La prospérité spirituelle est supérieure à la prospérité temporaire

S'attacher à la fausse prospérité a des conséquences désastreuses pour notre foi. Dès que nous retirons Dieu du centre de notre vie et le remplaçons par des choses matérielles, d'autres erreurs s'en suivent très rapidement. Tout d'abord, nous oublions qui est la source de toute bénédiction. Et, deuxièmement, nous ne réalisons plus que, même sur cette terre, les bénédictions spirituelles sont infiniment supérieures aux bénédictions matérielles. L'apôtre Paul nous aide à corriger ces erreurs : « Béni soit Dieu, le Père de notre Seigneur Jésus-Christ, qui nous a bénis de toutes sortes de bénédictions spirituelles dans les lieux célestes en Christ » (Ép 1.3). Ces bénédictions spirituelles viennent de Dieu. Elles ne viennent pas des évêques, des révérends, des pasteurs ou des Églises.

Plusieurs prédicateurs de l'évangile de la prospérité veulent même nous faire croire que les bénédictions proviennent de l'huile d'onction, de l'eau bénite ou du fait de « tomber dans l'esprit ». Certains vont jusqu'à vendre des balais et du sel avec lesquels, disent-ils, les fidèles chasseraient les démons pour se débarrasser de toute attaque. Pourtant, la Bible nous dit que Dieu est la source de nos bénédictions.

Tu te demandes certainement comment nous pouvons recevoir ces bénédictions. Comment Dieu nous donne-t-il ces bénédictions ? Encore une fois, Éphésiens 1.3 nous donne la réponse. Nous recevons ces bénédictions seulement en Christ et par Christ. C'est par Christ que passent toutes les bénédictions du Père avant de nous atteindre. Ne laissez pas les gens vous tromper en vous faisant croire qu'ils ont le pouvoir de bénir d'autres personnes.

Tout comme Seth et ses descendants ont accordé plus d'attention aux choses spirituelles qu'aux réalisations extérieures, l'apôtre Paul nous assure que Dieu a béni son peuple de toute bénédiction spirituelle. On les appelle bénédictions spirituelles parce qu'elles viennent de Dieu et sont invisibles aux yeux de l'homme. Elles ne concernent pas principalement nos circonstances extérieures dans ce monde. Elles sont éternelles. Paul nous montre que les bénédictions que nous avons déjà en Christ, celles que le Christ a remportées pour le peuple de Dieu, ont plus de valeur que toute autre chose que nous pourrions posséder :

En lui Dieu nous a élus avant la fondation du monde, pour que nous soyons saints et irrépréhensibles devant lui, nous ayant prédestinés dans son amour à être ses enfants d'adoption par Jésus-Christ, selon le bon plaisir de sa volonté, à la louange de la gloire de sa grâce qu'il nous a accordée en son bien-aimé. En lui nous avons la rédemption par son sang, la rémission des péchés, selon la richesse de sa grâce, que Dieu a répandue abondamment sur nous par toute espèce de sagesse et d'intelligence, nous faisant

*connaître le mystère de sa volonté, selon le bienveil-
lant dessein qu'il avait formé en lui-même, pour
le mettre à exécution lorsque les temps seraient
accomplis, de réunir toutes choses en Christ, celles
qui sont dans les cieux et celles qui sont sur la terre.*

*En lui nous sommes aussi devenus héritiers, ayant
été prédestinés suivant la résolution de celui qui
opère toutes choses d'après le conseil de sa volonté,
afin que nous servions à la louange de sa gloire, nous
qui d'avance avons espéré en Christ. En lui vous
aussi, après avoir entendu la parole de la vérité,
l'Évangile de votre salut, en lui vous avez cru et vous
avez été scellés du Saint-Esprit qui avait été promis,
lequel est un gage de notre héritage, pour la rédemption de ceux que Dieu s'est acquis, à la louange de sa
gloire (Ép 1.4-14).*

Regardez la liste des merveilleuses bénédictions spirituelles. Nous sommes choisis, prédestinés, aimés, adoptés,
acceptés, rachetés, éclairés, pardonnés de Dieu et scellés
par le Saint-Esprit pour nous garantir un héritage divin. Ce
sont là des bénédictions éternelles qui ne peuvent jamais
être détruites. Par conséquent, elles peuvent nous procurer
une plus grande joie, un bonheur beaucoup plus parfait,
une plus grande satisfaction que toutes les bénédictions
éphémères en lesquelles les prédicateurs de la prospérité
nous exhortent à placer notre confiance.

Le peuple de Dieu possède une joie et un bonheur qui
va bien au-delà des situations difficiles et tristes que nous
traversons. Si vous êtes un couple marié et jusque-là, sans
enfants, ne laissez personne vous mépriser. Votre mariage
est béni et complet, que vous ayez des enfants ou non. Si

vous êtes né de nouveau, né de Dieu, vous êtes richement béni, peu importe que vous viviez dans une maison en paille ou dans un manoir. Un homme peut vivre dans la pauvreté matérielle toute sa vie et être plus heureux qu'un homme d'affaires, car son trésor se trouve au ciel où la teigne et la rouille n'auront aucune place (Mt 6.19).

Une chrétienne peut souffrir de maladie durant de nombreuses années, mais cette souffrance ne peut pas lui arracher les bénédictions dont parle Éphésiens 1. Elle peut donc savourer la promesse du ciel, où il n'y aura plus de larmes ni de souffrance (Ap 21.4). Tu es peut-être persécuté, mais Jésus dit que tu es béni, car le royaume des cieux est à toi (Mt 5.10).

Prière et prospérité

Nous avons vu que Dieu nous exhorte constamment à ne pas nous attacher aux honneurs et bénédictions éphémères qui prennent fin ici-bas. Avec la même fermeté, Dieu nous oriente vers les bénédictions éternelles qui trouvent leur source en lui, c'est-à-dire celles qui nous sont promises et données en Jésus-Christ. Comment pouvons-nous évaluer notre degré d'engagement dans cette lutte ? Y a-t-il des signes d'alerte qui démontrent que nous sommes en train d'abandonner la prospérité qui vient de Dieu au profit de celle de valeur inférieure que nous offre le monde ? Le Seigneur Jésus l'a bien démontré ; notre façon de prier indique clairement quelles sont nos priorités et quel est l'état de notre relation avec Dieu.

L'évangile de la prospérité a transformé la manière dont les gens prient. Aujourd'hui, la plupart des sujets de prière sont plus portés vers les choses terrestres que les choses spirituelles. Il vous suffit d'allumer votre radio ou votre téléviseur et vous en aurez la preuve. Souvent, ces prières matérialistes sont basées sur des versets bibliques totalement sortis de leurs contextes. Aujourd'hui, si vous priez pour des choses spirituelles, certains membres de l'Église pourraient même se plaindre. Donc, comment devons-nous prier ? Dans l'épître aux Colossiens, nous voyons que la priorité dans la prière est accordée aux choses spirituelles :

C'est pour cela que nous aussi, depuis le jour où nous en avons été informés, nous ne cessons de prier Dieu pour vous, et de demander que vous soyez remplis de la connaissance de sa volonté, en toute sagesse et intelligence spirituelle, pour marcher d'une manière digne du Seigneur et lui être entièrement agréables, portant des fruits en toutes sortes de bonnes œuvres et croissant par la connaissance de Dieu, fortifiés à tous égards par sa puissance glorieuse, en sorte que vous soyez toujours et avec joie persévérants et patients. Rendez grâces au Père, qui vous a rendus capables d'avoir part à l'héritage des saints dans la lumière, qui nous a délivrés de la puissance des ténèbres et nous a transportés dans le royaume du Fils de son amour, en qui nous avons la rédemption, la rémission des péchés (Col 1.9-14).

Qu'est-ce que Paul demande dans la prière en faveur des chrétiens de Colosses ? Paul ne prie pas pour qu'ils soient matériellement riches ; il ne prie pas pour qu'ils réussissent dans les affaires ; il ne prie pas pour une belle maison ; il ne prie pas pour qu'ils soient toujours en bonne santé ; il ne prie pas non plus pour qu'ils ne meurent pas. Au lieu de cela, il prie que Dieu les remplisse de la connaissance de sa volonté par la sagesse et la compréhension spirituelles.

Paul fait cette prière afin qu'ils puissent vivre une vie digne et agréable au Seigneur dans tous les sens. Il nous montre ce que c'est de vivre une vie digne et agréable au Seigneur, ce qui est en contradiction parfaite avec ce que prêchent les prédicateurs de la prospérité. Une vie digne aux yeux du Seigneur est une vie qui porte du fruit dans toute bonne œuvre ; une vie qui grandit continuellement dans la connaissance du Seigneur ; une vie fortifiée par la puissance de Dieu afin d'endurer la souffrance et qui, joyeusement, rend grâce au Père. Est-ce de cette manière que tu pries pour les autres et pour toi-même ? Qu'est-ce qui est au centre de tes prières ? Es-tu toujours en train de demander à Dieu des promotions, des voitures ou des choses pour ton confort ? Nous pouvons et devons prier pour nos besoins physiques aussi (Lu 11.3), mais de telles prières ne doivent pas dominer ou prendre le dessus sur nos besoins spirituels et sur le royaume de Dieu (Lu 11.2-4). Dans nos prières, nous devons accorder la priorité aux choses spirituelles.

Conclusion : la grande séparation

Depuis la chute de l'homme, il existe une grande séparation entre ceux qui rejettent Dieu, comme Caïn, et ceux qui invoquent le nom du Seigneur, comme Seth. Il existe un fossé entre ceux qui accumulent les trésors de cette terre et en font leur raison de vivre, et ceux qui amassent des trésors dans le ciel. La rupture entre ces deux côtés n'est pas quelque chose de nouveau ; mais considérant l'ampleur que l'évangile de la prospérité prend dans nos Églises, nous devons l'affronter avec la sagesse de Dieu en enseignant clairement la Bible.

Lorsqu'on nous bombarde avec la fausse prospérité de la mondanité, nous devons nous attacher fermement à la véritable prospérité que Dieu offre. Nous devons *rejeter* la cité de Caïn qui existe pour la gloire de l'homme et qui tombe dans l'oubli, *afin d'aspirer à* la glorieuse cité céleste et éternelle que Dieu a préparée pour son peuple. Dans ce même contexte, Dieu nous appelle à nous éloigner du péché de la polygamie et à honorer le mariage tel que Dieu l'a crée – entre un seul homme et une seule femme. Face aux avantages éphémères de la ville de Caïn qui, souvent, suscitent en nous l'envie, Dieu attire notre attention vers une perspective plus grande ; car la prospérité sans Dieu conduit à la destruction.

Ceux qui s'attachent à Dieu jouissent de la vraie prospérité. De tous les temps, le peuple de Dieu a toujours été défini, distingué, et béni à cause de son adoration envers Dieu. Leur adoration repose entièrement sur la connaissance que Dieu est la seule source de toute bénédiction en Jésus-Christ et par Jésus-Christ. Cette connaissance est renforcée par la vérité selon laquelle les bénédictions spirituelles que Dieu donne à son peuple ne peuvent être attaquées par les choses de ce monde. C'est pourquoi leurs prières sont dominées par les choses spirituelles. Nous vivons dans un monde matérialiste, mais Dieu appelle de loin son peuple à quelque chose de mieux.

Chapitre 3

LA VIE PAR L'ÉVANGILE

Kenneth Mbugua

Entrez par la porte étroite. Car large est la porte, spacieux est le chemin qui mènent à la perdition, et il y en a beaucoup qui entrent par là. Mais étroite est la porte, resserré le chemin qui mènent à la vie, et il y en a peu qui les trouvent. Gardez-vous des faux prophètes. Ils viennent à vous en vêtement de brebis, mais au-dedans ce sont des loups ravisseurs. Vous les reconnaîtrez à leurs fruits. Cueille-t-on des raisins sur des épines, ou des figues sur des chardons ? Tout bon arbre porte de bons fruits, mais le mauvais arbre porte de mauvais fruits. Un bon arbre ne peut porter de mauvais fruits, ni un mauvais arbre porter de bons fruits. Tout arbre qui ne porte pas de bons fruits est coupé et jeté au feu. C'est donc à leurs fruits que vous les reconnaîtrez. Ceux qui me disent : Seigneur, Seigneur, n'entreront pas tous dans le royaume des cieux, mais celui-là seul

qui fait la volonté de mon Père qui est dans les cieux
(Mt 7.13-21).

En revenant à l'époque où il n'existait pas encore de
machines pour détecter les faux billets, les banques ensei-
gnaient à leurs caissiers à s'habituer à la sensation que
créait un vrai billet de banque entre leurs mains. De la
même manière, la meilleure façon de détecter la super-
cherie est de connaître intimement la vérité. C'est cette
méthode que nous allons utiliser. Passer du temps à étu-
dier l'Évangile de Christ dans la Bible signifie que si nous
rencontrons un faux évangile, nous pouvons tout de suite
le reconnaître comme tel.

Nous allons examiner la vie du Christ, celle des apôtres,
et aussi sélectionner des figures clés dans l'histoire de
l'Église pour voir si la vie de nos pères dans l'Évangile cor-
respond au message de l'évangile de prospérité et au mode
de vie que prônent ses prédicateurs. Cette étude nous per-
mettra d'acquérir la connaissance dont nous avons besoin
pour flairer les faux évangiles et les enseignants rebelles.

Le mode de vie de nombreux prédicateurs de l'évangile
de la prospérité est caractérisé par la richesse et l'extravagance. Ils se présentent comme le modèle de vie que Dieu
veut pour tous les chrétiens. Comme l'explique le pasteur
et théologien Gordon Fee, cette erreur provient d'une mauvaise interprétation de la Bible, et sa manifestation est une
vie matérialiste soutenue avec cette fausse affirmation sans
cesse répétée :

Dieu veut que tous ses enfants prospèrent financiè-
rement. Par conséquent, être chrétien et vivre dans
la pauvreté, c'est vivre en dehors de la volonté de
Dieu ; c'est avoir perdu le combat contre Satan. De

cette affirmation en découle habituellement une deu-
xième : Parce que nous sommes les enfants de Dieu
(les fils et filles du Roi, comme certains aiment à le
dire), nous devons toujours être les premiers et nous
devons toujours avoir ce qu'il y a de meilleur : une
Cadillac au lieu d'une Volkswagen, voilà ce qui rend
gloire à Dieu[1].

Ce principe central de l'évangile de la prospérité est-il conforme aux Écritures ? Parce que nous sommes enfants de Dieu, la Bible nous enseigne-t-elle que nous aurons toujours une meilleure vie dans ce monde ? Que nous enseignent les exemples du Seigneur et ses disciples au sujet de ce que nous devons rechercher dans cette vie ?

Jésus-Christ

La Bible nous enseigne que Jésus-Christ était l'un des hommes les plus riches de son époque. Il habitait dans un grand manoir du mont des Oliviers et avait à sa disposition un grand nombre de serviteurs prêts à exécuter ses ordres au son d'un simple claquement de doigts. Du fait qu'il était le Fils de Dieu, il n'a certainement jamais connu la souffrance ou la douleur. Tout le monde l'aimait, car Dieu a transformé ses ennemis en amis. Dans les synagogues où il allait, il prêchait la prospérité matérielle et la vie reluisante que les gens pouvaient avoir maintenant. Dans la Bible, il est aussi dit qu'il a promis une vie épargnée de tout problème, à l'image de la sienne. N'est-ce pas ?

---

1. Gordon Fee, *The Disease of the Health and Wealth Gospels*, Regent College Publishing, Vancouver, 2006, p. 8.

Les évangiles nous enseignent que cela est tout *le contraire de la réalité.* Christ a vécu une vie marquée par le combat et la souffrance. Nous allons prendre quelque temps pour examiner les passages qui décrivent cette vie. La vérité sur la vie et la mission de Jésus dans ces versets est largement suffisante. Notre but ici est de vous faire découvrir et de vous familiariser à la vérité afin de vous équiper à la confronter avec les exemples et les enseignements que donnent les prédicateurs de l'évangile de la prospérité.

Quel genre de vie le Fils de Dieu a-t-il vécu sur la terre et que nous apprend-elle au sujet de la vie qui est réservée à ses disciples ? Dans Matthieu 10.24,25, Christ assure à ses disciples qu'une vie semblable à la sienne leur est réservée :

> *Le disciple n'est pas plus que le maître, ni le serviteur plus que son seigneur. Il suffit au disciple d'être traité comme son maître, et au serviteur comme son seigneur. S'ils ont appelé le maître de la maison Belzébul, à combien plus forte raison appelleront-ils ainsi les gens de sa maison ! (Mt 10.24,25.)*

En utilisant le principe qu'un serviteur n'est pas plus grand que son maître, le Christ nous montre que si le maître a souffert, le serviteur devrait s'attendre à la même chose. Si l'on a appelé le maître, diable, les serviteurs devraient s'attendre à la même chose, ou à pire. Lorsque nous regardons de près la vie qu'a vécue le maître, il apparaît évident que certains soi-disant serviteurs cherchent à être plus que leur maître.

Commençons par la vie de famille de Jésus-Christ. Luc 2 nous donne un indice du statut social des parents terrestres de Jésus. Quand ils sont allés dans le temple, ils ont offert un sacrifice pour la naissance du premier-né mâle de leur famille, un sacrifice qui était réservé à ceux qui ne pouvaient se permettre d'offrir un agneau.

> *Et, quand les jours de leur purification furent accomplis, selon la loi de Moïse, Joseph et Marie le portèrent à Jérusalem, pour le présenter au Seigneur, [...] pour offrir en sacrifice deux tourterelles ou deux jeunes pigeons, comme cela est prescrit dans la loi du Seigneur (Lu 2.22-24).*

Le fait que Marie et Joseph n'avaient pas les moyens d'offrir un agneau pour un sacrifice aussi important nous laisse supposer qu'il y avait beaucoup de choses qu'ils ne pouvaient pas s'offrir pendant la croissance de Jésus ; le même Jésus qui est né dans une crèche entourée par l'odeur des animaux. Si une éducation modeste était assez bonne pour le Fils de Dieu, ne sommes-nous pas égarés en prêchant que les enfants de Dieu devraient vivre dans l'abondance sur cette terre ? Le serviteur n'est pas plus grand que le maître.

On pourrait dire qu'il s'agissait seulement de son éducation. En prenant de l'âge, il s'est peut-être éloigné de ses modestes origines pour adopter un style de vie plus aisé. Jésus est-il venu comme un exemple pour nous montrer comment passer de la misère à la richesse ? Luc 9 montre le contraire. Lorsqu'un scribe manifesta sa volonté de devenir un des disciples de Christ, Jésus lui décrit les modalités et conditions en ces termes : « Les renards ont des tanières, et les oiseaux du ciel ont des nids ; mais le Fils de l'homme n'a pas où reposer sa tête » (Lu 9.58). Christ n'a pas vécu dans un manoir sur une colline comme certains le pensent aujourd'hui. Il se contentait du minimum dont il avait besoin. Plus tard, un des apôtres écrit : « si donc nous avons la nourriture et le vêtement, cela nous suffira » (1 Ti 6.8). Si le maître s'est lui-même contenté de la pauvreté, les serviteurs devraient-il demander plus ?

Ce qui définit la vie de Christ, c'est la croix. Il est né pour mourir. Dieu le Père a décrété que sa vie serait une vie de souffrance. Si vous essayez d'expliquer la vie de Christ sans considérer la souffrance qu'il a endurée pour nous comme l'aspect le plus important, alors vous finirez par mettre votre foi en une fiction impie. La prophétie messianique d'Ésaïe illustre pour nous la vie de Jésus-Christ en ces termes :

Méprisé et abandonné des hommes, homme de douleur et habitué à la souffrance, semblable à celui dont on détourne le visage, nous l'avons dédaigné, nous n'avons fait de lui aucun cas. Cependant, ce sont nos souffrances qu'il a portées, c'est de nos douleurs qu'il s'est chargé ; et nous l'avons considéré comme puni, frappé de Dieu, et humilié. Mais il était blessé pour nos péchés, brisé pour nos iniquités ; le châtiment qui nous donne la paix est tombé sur lui, et c'est par ses meurtrissures que nous sommes guéris (És 53.3-5).

La mission de Jésus en tant que Messie était remplie de douleur et de souffrance : méprisé, rejeté, homme de douleur, habitué à la souffrance, sans considération, puni, frappé par Dieu, affligé, percé, écrasé et blessé[2]. L'appel à suivre ce Seigneur n'est pas une marche facile. Isaac Watts a résumé la différence entre la marche du chrétien et les

---

2. Si l'on vous a enseigné que ce texte veut dire que la pauvreté et la souffrance du Christ nous ont offert une vie présente libérée de toute souffrance et que nous n'aurons plus à souffrir, veuillez lire le chapitre 1 sur les mauvaises interprétations de la Bible.

intérêts égoïstes des hommes, lorsqu'il écrit : « Serais-je transporté au ciel sur un lit fleuri et confortable ? Tandis que les autres ont lutté à travers des eaux sanglantes pour remporter le prix[3] ? »

Notre Seigneur, qui a souffert pour nous, nous demande d'être prêts à en faire de même. « Et quiconque ne porte pas sa croix, et ne me suis pas, ne peut être mon disciple » (Lu 14.27). Suivre Christ, c'est être prêt à accepter la douleur et la souffrance.

Jésus nous a donné l'exemple et il nous a préparé à une vie modeste et difficile. Il a clairement indiqué que nous ne devrions même pas *chercher à devenir* riches. « Gardez-vous avec soin de toute avarice ; car la vie d'un homme ne dépend pas de ses biens, fût-il dans l'abondance » (Lu 12.15). Jésus-Christ nous a mis en garde en nous disant que la poursuite de la richesse n'est pas une quête divine, mais un grave danger à éviter. Lorsqu'il enseignait à ses disciples, il ne leur montrait pas comment acquérir la richesse. Il leur recommandait plutôt de ne de pas se laisser aller à l'amour de la richesse. Ne pas se laisser aller à la convoitise de l'argent est un impératif pour ceux qui veulent s'enraciner en Christ (Lu 16.13).

Jésus a vécu une vie modeste et humble. Il nous a appris à nous méfier de la tentation de devenir riche. Il a dit que son peuple devrait s'attendre à la souffrance et que les gens ne devraient pas juger leur vie en fonction des choses matérielles qu'ils possèdent. Examinons à présent la vie et la doctrine des prédicateurs de l'évangile de la prospérité. Prêchent-ils le message de Jésus ? Le style de vie qu'ils recommandent ressemble-t-il à la vie que Jésus a vécue et prêchée ?

---

3. Ce passage est tiré de l'hymne *Am I a soldier of the Cross* ? [Suis-je un soldat de la croix ?], trad. libre, écrit par Isaac Watts.

Les apôtres

Si l'évangile de la prospérité est vrai, nous devrions nous attendre à ce que les premiers témoins et prédicateurs de l'Évangile l'eussent enseignée et démontrée dans leur vie plus que quiconque. Les célèbres adeptes de l'évangile de la prospérité d'aujourd'hui vivent dans de grandes demeures, possèdent de nombreuses voitures de luxe et voyagent dans des jets privés. Ceux qui n'ont pas encore atteint ce statut de célébrité y travaillent avec acharnement, et ne songent qu'à faire montre de leur prospérité. Regardez cependant la vie des apôtres, et vous verrez un contraste net qui expose les soi-disant apôtres des temps modernes comme prédicateurs d'un évangile contrefait.

L'exemple des apôtres montre que les privilèges de ce monde ne sont pas importants. Voici comment Paul définit la vie des apôtres :

> *Car Dieu, ce me semble, a fait de nous, apôtres, les derniers des hommes, des condamnés à mort en quelque sorte, puisque nous avons été en spectacle au monde, aux anges et aux hommes. Nous sommes fous à cause de Christ ; mais vous, vous êtes sages en Christ ; nous sommes faibles, mais vous êtes forts. Vous êtes honorés, et nous sommes méprisés jusqu'à cette heure, nous souffrons la faim, la soif, la nudité ; nous sommes maltraités, errants çà et là ; nous nous fatiguons à travailler de nos propres mains ; injuriés, nous bénissons ; persécutés, nous supportons ; calomniés, nous parlons avec bonté ; nous sommes devenus comme les balayures du monde, le rebut de tous, jusqu'à maintenant (1 Co 4.9-13).*

Paul a écrit ceci aux chrétiens qui avaient une haute perception d'eux-mêmes afin de les réprimander. Paul a mis à nu le contraste qui existait entre leur vanité et l'humilité pieuse des apôtres.

La souffrance fut pour Paul un élément fondamental à la compréhension de ce que c'est de servir Dieu. À quatre reprises, dans sa seconde lettre à Timothée, Paul instruit son fils spirituel à se préparer à la souffrance. Au lieu de fuir la souffrance, Paul nous dit « souffre avec moi pour l'Évangile, par la puissance de Dieu » (2 Ti 1.8). Paul le souligne encore plus tard pour montrer qu'il ne s'agit pas de circonstances particulières : « Souffre avec moi, comme un bon soldat de Jésus-Christ » (2 Ti 2.3). Et au cas où nous voudrions échapper au caractère universel de son message, Paul déclare que « tous ceux qui veulent vivre pieusement en Jésus-Christ seront persécutés » (2 Ti 3.12).

Vivre une vie pieuse signifie accepter la souffrance et non l'éviter. Peut-il y avoir un contraste plus clair avec le message de la prospérité ? Paul a instruit Timothée et il nous rappelle (comme Jésus-Christ l'a fait avant lui) que nous devrions nous attendre à la souffrance comme un résultat naturel d'être chrétien. « Mais toi, sois sobre en toutes choses, supporte les souffrances, fais l'œuvre d'un évangéliste, remplis bien ton ministère » (2 Ti 4.5). La souffrance est une partie essentielle de la vie d'un disciple de Jésus-Christ.

Lorsque nous comprendrons cela, nous n'aurons plus honte d'endurer la souffrance. Regardez la litanie de la souffrance de Paul.

[...] cinq fois j'ai reçu des Juifs quarante coups moins un, trois fois j'ai été battu de verges, une fois j'ai été lapidé, trois fois j'ai fait naufrage, j'ai passé un jour

> *et une nuit dans l'abîme. Fréquemment en voyage, j'ai été en péril sur les fleuves, en péril de la part des brigands, en péril de la part de ceux de ma nation, en péril de la part des païens, en péril dans les villes, en péril dans les déserts, en péril sur la mer, en péril parmi les faux frères. J'ai été dans le travail et dans la peine, exposé à de nombreuses veilles, à la faim et à la soif, à des jeûnes multipliés, au froid et à la nudité (2 Co 11.24-27).*

Ne passons pas à côté de la raison pour laquelle Paul raconte toutes ces expériences. Lorsque vous examinez le contexte, vous verrez que Paul a écrit tout ceci pour servir de preuve qu'il était serviteur du Christ. Les cicatrices de Paul attestaient qu'il était un apôtre authentique de celui qui a souffert pour le sauver. Quand les prédicateurs de la prospérité montrent la richesse comme preuve de leur fidélité, pensez à Paul qui a montré le contraire. « Pour l'amour de Christ », conclut Paul, « je me plais dans les faiblesses, dans les outrages, dans les calamités, dans les persécutions, dans les détresses, pour Christ ; car, quand je suis faible, c'est alors que je suis fort » (2 Co 12.10). Les chrétiens humbles réorientent l'attention vers leur glorieux Dieu en toutes choses. Ils se réjouissent dans la souffrance parce qu'elle glorifie les richesses de la grâce de Dieu.

Pourquoi le Nouveau Testament accorde-t-il une attention particulière à la souffrance ? Aucune des difficultés que Paul a connues ne fut pour lui une surprise, et Dieu ne veut pas qu'elles soient des surprises pour nous. Si les chrétiens comprennent que la souffrance est une chose normale dans la vie d'un chrétien fidèle, alors la douleur ne peut pas ébranler leur foi. Quand Christ a appelé Paul à le servir, il a voulu que Paul sache dès le départ le prix à payer :

« Et je lui montrerai tout ce qu'il doit souffrir pour mon nom » (Ac 9.16). L'étude de la vie des apôtres nous prépare à affronter la souffrance et à comprendre qu'en elle se trouve la bénédiction de Dieu.

Paul n'était pas l'exception. Jacques fut exécuté sur ordre d'Hérode (Ac 12.2). Pierre fut emprisonné (Ac 12.3) et la tradition de l'Église suggère qu'il fut crucifié plus tard – une mort cruelle à laquelle Christ l'avait préparé (Jn 21.18,19). Les apôtres furent battus pour avoir prêché (Ac 5.40,41) et Étienne fut lapidé à mort (Ac 7.54-58). Et Paul lui-même, avant sa conversion, était connu pour ses attaques cruelles contre ceux qui se réclamaient de Jésus (Ac 8.3). Les apôtres et les premiers chrétiens ont souffert et sont morts pour Jésus.

Le témoignage de la Bible sur les apôtres ne cadre pas avec les enseignements de l'évangile de la prospérité. Ces serviteurs du Christ, que le monde méprisait, n'ont pas vécu dans l'abondance sur cette terre et ils n'y pensaient même pas. Ils ont suivi le Christ, sachant que la souffrance et la douleur n'étaient pas une éventualité, mais une garantie. Et en vivant de cette façon, ils ont démontré qu'ils étaient de la lignée de la foi qui remonte jusqu'à Moïse qui « regardait l'opprobre de Christ comme une richesse plus grande que les trésors de l'Égypte, car il avait les yeux fixés sur la rémunération » (Hé 11.26). Les souffrances en Christ et pour la cause de Christ sont des richesses plus grandes que tout bien que nous pourrions posséder dans ce monde.

L'Église persécutée

Nous avons été témoins de l'affliction et de la douleur de notre Seigneur ainsi que de la souffrance des apôtres pionniers qui bâtirent sur les fondations posées par Christ. Mais prenons d'abord l'exemple des serviteurs de Dieu les plus fidèles qui ont vécu *avant* l'époque de Christ.

> *Des femmes recouvrèrent leurs morts par la résurrection ; d'autres furent livrés aux tourments, et n'acceptèrent point de délivrance, afin d'obtenir une meilleure résurrection ; d'autres subirent les moqueries et le fouet, les chaînes et la prison ; ils furent lapidés, sciés, torturés, ils moururent tués par l'épée, ils allèrent çà et là vêtus de peaux de brebis et de peaux de chèvres, dénués de tout, persécutés, maltraités, eux dont le monde n'était pas digne, errants dans les déserts et les montagnes, dans les cavernes et les antres de la terre (Hé 11.35-38).*

Mais est-ce que tout cela est chose du passé ? Toutes ces souffrances ont-elles eu lieu pour que les générations futures ne connaissent pas de souffrance et puissent vivre dans l'aisance ? Le luxe et le confort sont-ils la manifestation ultérieure de l'œuvre et de la présence de Dieu ? L'histoire de l'Église apporte une réponse décisive à ces questions. La propagation de l'Évangile et la sanctification des chrétiens ont toujours été marquées par la souffrance.

Dans cette section, nous allons tirer quelques exemples de l'histoire de l'Église où des croyants, dans les moments de souffrance, ont manifesté la présence de Dieu parmi son peuple en vue d'édifier leur foi. Il existe de nombreuses ressources qui nous parlent de la persécution des chrétiens, dans le passé comme dans le présent. Le *Livre des Martyrs* écrit par *John Foxe* est une compilation historique que nous allons utiliser dans cette section. Consultez également les sites Web des organisations telles que *La Voix des Martyrs* et *Portes Ouvertes*, et vous trouverez plusieurs récits au sujet de chrétiens qui, *aujourd'hui*, souffrent pour Christ à travers le monde entier.

De nombreux chrétiens fidèles meurent pour Jésus-Christ ; ces frères et sœurs dont la vie et la mort rendent grandement gloire à Dieu attestent le credo de Paul : « *car Christ est ma vie, et la mort m'est un gain* ». Quelle moquerie à l'égard des saints que de prêcher que les chrétiens ne doivent pas souffrir ! Cela revient à prêcher que les apôtres, l'Église primitive et l'Église persécutée ont souffert en vain au cours de l'histoire. Bien au contraire, ces chrétiens sont les meilleures expressions de l'esprit du Christ. Nous avons besoin d'apprendre de leur vie.

Commençons par l'un des Pères de l'Église, Polycarpe. Il fut évêque de Smyrne au IIe siècle de notre ère. Voici un récit du verdict final de son procès par les autorités romaines qui l'avaient accusé d'être un disciple de Christ :

> *Le proconsul l'avait exhorté à renier Christ, en disant : « Jure, et je te relâcherai ; renie Christ. » Polycarpe répondit : « Quatre-vingt-six années durant, je l'ai servi, et il ne m'a jamais fait de tort ; comment puis-je blasphémer mon Roi qui m'a sauvé[4] ? »*

Ce grand homme de Dieu s'est soumis calmement à son bourreau pour être exécuté plutôt que de trahir Christ. L'histoire de l'Empire romain contient de nombreux récits similaires. Par exemple, soixante-dix ans plus tard, à Rome, se trouva une femme nommée Cecilia. Elle avait renoncé au confort d'une famille respectable, non seulement en croyant

---

4. John Foxe, *Foxe's Book of Martyrs* [*Le Livre des Martyrs*], trad. libre, Peabody, Hendrickson, 2004, p. 14.

en Christ, mais en amenant avec passion d'autres personnes à lui, même si cela devait lui coûter sa vie.

> *Elle convertit son mari et son frère, qui furent décapités. L'officier chargé de leur exécution, s'étant converti par eux, fut également exécuté. Cecilia, placée toute nue dans une baignoire d'eau bouillante, continua d'annoncer Christ jusqu'à ce que sa tête soit tranchée par une épée, en l'an 222 de notre ère[5].*

Plusieurs chrétiens fidèles ont subi des peines horribles pour Jésus. « Saturninus, un évêque d'Albitina, ville africaine, après avoir été torturé et jeté en prison, mourut de faim. Ses quatre enfants, après avoir été tourmentés de diverses manières, ont connu le même sort que leur père[6]. » On pourrait continuer à citer indéfiniment les témoignages de chrétiens qui meurent chaque jour pour Christ à travers le monde entier. Ces récits historiques ne doivent pas nous laisser indifférents et inactifs. Ils exigent une réponse de notre part. Les saints avaient-ils tort de souffrir pour la cause de l'Évangile ?

Au moment même où vous lisez ce livre, plusieurs d'entre vos frères et vos sœurs sont persécutés à cause de leur foi en Christ. Pour des millions de chrétiens en Asie, au Nigéria, au Soudan et dans plusieurs États islamiques, la mort qui attend ceux qui restent fidèles au Christ est une perspective réelle. En effet, le terrorisme islamique a instauré le martyre pour la cause de Christ dans chaque rue du monde. Pensez aux chrétiens ciblés et brutalement assassinés récemment au Garissa University College, au Kenya. C'était vraiment

---

5. *Ibid.*, p. 19.
6. *Ibid.*, p. 36.

effrayant d'entendre parler de frères et sœurs abattus par des hommes méchants alors qu'ils étaient rassemblés pour la prière. En attendant le jour où une telle horreur cessera, ne déshonorons pas ces martyrs chrétiens en oubliant le fait qu'ils ont gagné beaucoup plus que ce qu'ils ont perdu.

Voici ce que l'auteur de l'épître aux Hébreux a écrit sur de tels hommes et femmes :

> *C'est dans la foi qu'ils sont tous morts, sans avoir obtenu les choses promises ; mais ils les ont vues et saluées de loin, reconnaissant qu'ils étaient étrangers et voyageurs sur la terre. Ceux qui parlent ainsi montrent qu'ils cherchent une patrie. S'ils avaient eu en vue celle d'où ils étaient sortis, ils auraient eu le temps d'y retourner. Mais maintenant ils en désirent une meilleure, c'est-à-dire une céleste. C'est pourquoi Dieu n'a pas honte d'être appelé leur Dieu, car il leur a préparé une cité (Hé 11.13-16).*

Quel type d'enseignement prépare des gens ordinaires à prendre une telle position et à connaître une telle fin ? La prédication de la prospérité empêche le chrétien de comprendre le sens véritable de la souffrance dans la vie de ceux qui suivent le Christ. Cet enseignement laisse les hommes et les femmes perplexes et mal préparés face à l'épreuve de la pauvreté et de la douleur. Seules une espérance authentique et la gloire de l'évangile de Jésus-Christ permettront aux chrétiens de comprendre et d'accepter la persécution et la douleur qu'ils vivent ici-bas. Jim Elliot, un martyr du xxe siècle qui est mort pour l'Évangile, a dit : « N'est pas fou celui qui donne ce qu'il ne peut garder pour gagner ce qu'il ne peut perdre. »

Conclusion

Pensez aux exemples de Jésus-Christ, des apôtres et des chrétiens qui ont enduré peines et souffrances à travers les siècles. Comparez ces exemples au message que prêchent les prédicateurs de l'évangile de la prospérité. Nous avons le véritable évangile de Jésus-Christ et de ses serviteurs devant nous ; nous pouvons donc identifier et rejeter cet évangile contrefait et sans aucune valeur qui est l'évangile de santé et de prospérité.

Chapitre 4

LA SOUFFRANCE

Kenneth Mbugua

C'est pourquoi nous ne perdons pas courage. Et lors même que notre homme extérieur se détruit, notre homme intérieur se renouvelle de jour en jour. Car nos légères afflictions du moment présent produisent pour nous, au-delà de toute mesure, un poids éternel de gloire, parce que nous regardons, non point aux choses visibles, mais à celles qui sont invisibles ; car les choses visibles sont passagères, et les invisibles sont éternelles (2 Co 4.16-18).

Nous vivons dans un monde plein de souffrance. Les séismes, les ouragans, la sécheresse, la famine et la guerre détruisent les vies, les maisons, les communautés et les nations. Sur le plan personnel, qui n'a jamais connu la douleur du rejet, de la trahison et des conflits ? Chaque jour qui passe, nous sommes vulnérables à la menace d'une souffrance soudaine – un accident, par exemple, peut nous causer de la douleur ou nous faire vivre une perte. Nous sommes également exposés à la douleur de la maladie qui peut tout doucement ou très rapidement nous emporter ou nous arracher un être cher. Comment est-il encore possible de douter du fait que nous vivons dans un monde brisé ?

Depuis que la souffrance est entrée dans le monde, nous essayons d'y échapper. Il y a peu de quêtes plus naturelles pour les humains que d'éviter la douleur ou d'augmenter les plaisirs. Nous inventons de nouvelles machines et de nouvelles stratégies avec cette promesse implicite : plus de plaisir, moins de douleur. Nous recherchons de meilleurs emplois, plus d'argent et une meilleure santé. Nous courons après de meilleures relations, de plus grandes Églises et des pasteurs plus inspirés. Notre quête d'une plus grande joie et d'une plus petite souffrance est le fondement de tant d'activités humaines. La Bible condamne-t-elle cette quête ? Non, mais elle corrige notre compréhension de la souffrance et nous montre le seul chemin pour atteindre la joie, à travers la souffrance.

La prédication de la prospérité est populaire parce qu'elle s'appuie sur les désirs les plus fondamentaux de l'homme. La solution qu'elle offre à la souffrance n'est pas biblique. Au contraire, elle est trompeuse et même préjudiciable à ceux qui mettent leur espoir en elle. Plutôt que d'apporter le salut, cette fausse solution laisse beaucoup de gens découragés, désillusionnés et amers contre Dieu et son peuple. L'évangile de la prospérité n'est pas la solution que Dieu a donnée pour faire face à la souffrance. Cet évangile n'est pas la Bonne Nouvelle. Dans ce chapitre, nous verrons précisément ce que Dieu nous enseigne au sujet de la souffrance, et comment cela contredit la dissimulation séduisante, mais frauduleuse, de l'évangile de la prospérité.

Comprendre la souffrance

Il y a trois questions de base que des éleveurs se poseraient s'ils trouvaient une vache piégée dans un fossé : Comment la vache est-elle arrivée là ? Comment pouvons-nous la sortir de là ? Comment pouvons-nous empêcher la vache de retourner dans le fossé ? De même, afin de comprendre la solution de Dieu au problème de la souffrance, nous devons comprendre pourquoi la souffrance existe, comment y faire face, et comment empêcher qu'elle se reproduise.

Il fut un temps où il n'y avait pas de souffrance. C'est le péché – notre rejet de Dieu – qui a fait entrer la douleur dans ce monde. Dans le futur, il y aura une nouvelle ère où il n'y aura plus de souffrance. Qu'est-ce qui comble le fossé ? Par sa mort sur la croix, sa victoire sur la mort et sa montée au ciel, Christ est venu régler le problème du péché avec toutes ses conséquences. Sa souffrance physique et spirituelle sur la croix a payé intégralement la dette de nos péchés, obtenant ainsi notre rédemption de même que la restauration entière de sa création. Son sang a accompli tout ce qui est indispensable à la formation d'un nouveau ciel et d'une nouvelle terre, éternellement libre de souffrance (Ro 8.18-25).

Si nous ne comprenons pas pourquoi la souffrance existe, ce que Dieu a fait à ce sujet, et ce qu'elle signifie pour nous, alors nous serons vulnérables aux fausses solutions. À un prix très élevé, Dieu a apporté une solution éternelle au problème de notre péché et à ses conséquences douloureuses. Cette bonne nouvelle a néanmoins été gravement entachée et déformée par les prédicateurs de l'évangile de la prospérité.

La Genèse de la souffrance

Les premiers chapitres de la Bible nous disent que Dieu a fait toutes choses à partir de rien. Il était l'initiateur, le concepteur, le bâtisseur. Et ce qu'il a fait était *très* bon (Ge 1.31). Cette bonté originelle comprenait également la création de l'humanité. L'homme et la femme étaient en paix avec Dieu. Ils étaient aussi en paix l'un avec l'autre ainsi qu'avec le reste de la création. Tout était bon jusqu'à ce que l'homme ait décidé un jour que Dieu ne lui fût plus suffisant.

Dans Genèse 3, Adam et Ève ont désobéi à Dieu. Il leur avait dit : « Tu pourras manger de tous les arbres du jardin ; mais tu ne mangeras pas de l'arbre de la connaissance du bien et du mal, car le jour où tu en mangeras, tu mourras » (Ge 2.16,17). Dieu avait clairement averti Adam et Ève que la souffrance serait le résultat s'ils se détournaient de lui. Mais, convaincus par le serpent qu'en dehors de leur relation avec Dieu ils pourraient trouver du bonheur, Adam et Ève ignorèrent l'avertissement de Dieu et plongèrent dans le péché.

Ils désiraient plus, mais ont finalement trouvé moins. Ils ont saisi la sagesse et découvert que ce n'était qu'une folie. Ils ont cherché le plaisir, mais ont trouvé la douleur. La souffrance est venue dans le monde lorsque l'homme entreprit de rechercher le plaisir et de trouver un but à son existence en dehors de Dieu. Immédiatement après avoir transgressé le commandement de Dieu, l'homme et la femme ont vu leur univers s'effondrer. Ils avaient peur et honte – des sentiments étranges qu'ils n'avaient jamais ressentis auparavant. Voici la genèse de la souffrance : elle est venue au monde par la porte du péché.

Adam et Ève ont rompu leur communion avec Dieu et il leur a aussitôt fait connaître certaines conséquences.

Il dit à la femme : J'augmenterai la souffrance de tes grossesses, tu enfanteras avec douleur, et tes désirs se porteront vers ton mari, mais il dominera sur toi. Il dit à l'homme : Puisque tu as écouté la voix de ta femme, et que tu as mangé de l'arbre au sujet duquel je t'avais donné cet ordre : Tu n'en mangeras point ! Le sol sera maudit à cause de toi. C'est à force de peine que tu en tireras ta nourriture tous les jours de ta vie, il te produira des épines et des ronces, et tu mangeras de l'herbe des champs. C'est à la sueur de ton visage que tu mangeras du pain, jusqu'à ce que tu retournes dans la terre, d'où tu as été pris ; car tu es poussière, et tu retourneras dans la poussière (Ge 3.16-19).

Regardez les différents aspects que couvre la souffrance ici : les douleurs physiques, les problèmes d'ordre relationnel qui envahissent le partenariat naturel entre l'homme et la femme, le travail qui devient difficile, la terre elle-même qui partage la corruption de l'homme en ne produisant plus pour lui, et puis il y a la mort de l'homme lui-même comme conséquence du péché.

Quelle solution pourrait-il y avoir pour une si terrible malédiction universelle ? L'un des problèmes de l'évangile de la prospérité est que la solution qu'il propose est semblable à la cause même du problème. Adam et Ève n'ont pas trouvé satisfaction dans ce qu'ils avaient en Dieu, poursuivant leur plaisir en dehors de leur relation avec Dieu, et en plus des promesses qu'il avait faites. De même, l'évangile de la prospérité, au lieu de proclamer que Dieu est plus que suffisant, nous invite à le chercher afin d'obtenir des plaisirs matériels supplémentaires.

La source du bonheur selon l'évangile de la prospérité n'est pas Dieu lui-même, mais les choses que nous pouvons obtenir de lui. Tout comme Adam et Ève qui en recherchant le plaisir n'ont rencontré que peines et douleurs, les promesses d'épanouissement de l'évangile de la prospérité se traduisent par un vide. Pourquoi ? Parce que ces promesses ne nous orientent pas vers Dieu comme source de notre satisfaction, tout comme le diable a éloigné le premier homme et la première femme de Dieu. Ce jour-là, ils ont perdu leur relation avec Dieu ; et la définition de la mort, c'est être séparé de Dieu. La réconciliation avec Dieu est ce que Jésus appelle la vie (Jn 17.3). On ne peut pas résoudre le problème de la souffrance en répétant le péché qui l'a causé.

Quand Adam et Ève ressentirent la honte que leur péché avait apportée dans le monde, qu'ont-ils fait ? « Les yeux de l'un et de l'autre s'ouvrirent, ils connurent qu'ils étaient nus, et ayant cousu des feuilles de figuier, ils s'en firent des ceintures » (Ge 3.7). Ils ont essayé de se couvrir avec leur propre solution. C'est cela la faille des prédicateurs de la prospérité ; ils ne nous offrent que des solutions mondaines. Ils nous orientent vers les mêmes mares et les mêmes citernes crevassées que le monde recherche : emplois, maisons, relations, santé, etc. (Jé 2.13). Nous chercherons les mêmes mares, nous disent-ils, mais nous boirons avec l'aide de Dieu.

Ne vous trompez pas, les satisfactions mondaines que vous propose l'évangile de la prospérité sont comme les feuilles de figuier d'Adam et Ève, qui temporairement ont couvert leur honte sans véritablement traiter le problème. Les solutions matérielles de l'homme sont incapables de traiter les problèmes occasionnés par la désobéissance de l'homme. Pour bien traiter le problème de la souffrance, il faut tout d'abord faire face à la question du péché et de la séparation d'avec Dieu.

Même dans Genèse 3, nous pouvons voir la solution que Dieu apporte au péché et à ses conséquences. Au sein de la chute de l'homme, l'Évangile a jailli. Dans Genèse, au chapitre 3, Dieu nous montre ce qu'il faut pour résoudre le problème de la souffrance de l'homme : un sacrifice, un substitut et un sauveur. Lorsqu'il maudit le serpent, Dieu dit : « Je mettrai inimitié entre toi et la femme, entre ta postérité et sa postérité : celle-ci t'écrasera la tête, et tu lui blesseras le talon » (Ge 3.15). Depuis les premiers jours du christianisme, le peuple de Dieu a compris la promesse au sujet de la postérité d'Ève qui écraserait la tête du serpent comme la première prophétie au sujet du Messie.

De quelle manière l'homme pouvait-il donc être sauvé par un messie ? « L'Éternel Dieu fit à Adam et à sa femme des habits de peau, et il les en revêtit » (Ge 3.21). Il semble que Dieu ait tué un animal afin que cette bête sacrifiée couvre la honte de l'homme et de la femme, le résultat de leur péché. Ici, nous voyons le premier signe de ce principe biblique : le péché est si grave qu'il nécessite un sacrifice expiatoire (Hé 9.22). Dieu enverrait son Fils pour qu'il puisse naître et vivre comme un humain, puis mourir comme le substitut sacrificiel, portant à notre place le poids de la colère de Dieu contre notre péché sur la croix. C'est la solution parfaite de Dieu au problème du péché. C'est la seule solution possible.

La solution de Dieu traite notre souffrance depuis la source – le péché. La solution à notre souffrance ne se trouve pas dans les choses matérielles que nous pouvons obtenir de Dieu. Elle se trouve dans notre réconciliation avec Dieu. Dans la communion avec Dieu, nous avons une joie complète (Ps 16.11) ; c'est ce que le péché a ruiné et que Christ est venu restaurer. Alors que nous attendons notre restauration totale qui aura lieu lorsque nous aurons des corps ressuscités, comment pouvons-nous comprendre les conséquences persistantes du péché qui se manifestent dans ce monde brisé ?

La promesse de Dieu concernant la restauration

Dieu a inversé la malédiction. Il a justement maudit les hommes à cause de leur rébellion (Ge 3.16-19), et la malédiction affecte notre corps, nos relations, nos vocations et notre environnement. Toutefois, le plan de restauration de Dieu accompli en Christ est aussi grand que la malédiction. Le plan parfait de rédemption et de restauration est presque accompli et notre foi en Dieu pour son accomplissement total peut nous soutenir même quand nous souffrons au milieu d'un monde rebelle qui n'a pas encore été racheté.

Premièrement, la restauration à venir de nos corps donne de la joie aux chrétiens qui font face à la mort : « Et comme tous meurent en Adam, de même aussi tous revivront en Christ » (1 Co 15.22). Paul révèle la nature de ce corps restauré : « Ainsi en est-il de la résurrection des morts. Le corps est semé corruptible ; il ressuscite incorruptible, il est semé méprisable, il ressuscite glorieux ; il est semé faible ; il ressuscite plein de force. Il est semé corps naturel ; il ressuscite corps spirituel. S'il y a un corps naturel, il y a aussi un corps spirituel (1 Co 15.42-44, voir *NEG*). Avant que nos corps ne soient restaurés, Christ sert de prototype et de garantie pour notre résurrection. Comme lui, nous renonçons dans la mort à ce qui est passager afin de gagner ce qui est éternel.

Deuxièmement, en Christ, nous pouvons voir les premiers signes de la restauration de nos relations les uns avec les autres. Le péché infecte les liens du mariage avec l'égoïsme et la jalousie. Dans l'histoire de la première famille qui a vécu sur terre, nous voyons quelqu'un, dominé par l'envie, tuer son frère dans un élan de colère. Il en est ainsi depuis ce moment-là. Mais en Christ, nous pouvons et nous devons commencer à remplacer l'orgueil par l'humilité et nous servir les uns les autres (Ph 2.1-4). Quand cela se produit, c'est un signe précurseur des choses à venir. Notre Messie est le *Prince de Paix* et son règne sera défini par cette paix (És 9.5,6). Ainsi donc, efforçons-nous de vivre maintenant dans la paix de notre Sauveur plutôt que de suivre nos cœurs querelleurs. Ainsi, nous resterons attachés aux promesses de Dieu dont le règne de paix n'aura jamais de fin.

En promouvant la paix dans l'Ancien Testament, Dieu promettait continuellement de restaurer la fortune d'Israël. Voici par exemple la promesse qu'il a faite par la bouche du prophète Amos[1] :

Voici, les jours viennent, dit l'Éternel, où le laboureur suivra de près le moissonneur, et celui qui foule le raisin celui qui répand la semence, où le moût ruissellera des montagnes et coulera de toutes les collines. Je ramènerai les captifs de mon peuple d'Israël ; ils rebâtiront les villes dévastées et les habiteront, ils planteront des vignes et en boiront le vin, ils établiront des jardins et en mangeront les fruits (Am 9.13,14).

Cette prophétie fut annoncée à la suite d'un message effroyable de jugement. Ceux à qui cette prophétie était originalement destinée avaient une idée de la restauration

---

1. Autres exemples : Ps 14.7 ; Ps 53.7 ; Jé 30.3 ; 31.23 ; 33.7 ; Éz 39.25 ; Am 19.14.

que Dieu allait apporter à son peuple. Toutefois, ce message est également adressé à tous les enfants de Dieu de toutes les époques. Le jour de la restauration totale est proche. Les luttes acharnées de l'homme dans ses labeurs cesseront. Ses peines et ses échecs se transformeront en succès et en joie. C'est l'une des promesses du royaume à venir. Lorsque nos meilleurs efforts sur la terre semblent échouer, nous pouvons nous rappeler que notre lutte est temporaire, et que notre bonheur à venir n'aura point de fin.

Dans le cadre du plan de rédemption de Dieu, toute la création sera restaurée de son état corrompu actuel. Le monde connaîtra une beauté telle qu'elle surpassera celle de sa pureté originelle. Et c'est la voie de Dieu que la restauration de la création découle du salut et de la liberté de son peuple en Christ.

> *Aussi la création attend-elle avec un ardent désir la révélation des fils de Dieu. Car la création a été soumise à la vanité, non de son gré, mais à cause de celui qui l'y a soumise, avec l'espérance qu'elle aussi sera affranchie de la servitude de la corruption, pour avoir part à la liberté de la gloire des enfants de Dieu (Ro 8.19-21).*

Pourquoi la Bible est-elle remplie des promesses de Dieu concernant la restauration et la perfection de nos corps, de nos relations, de nos vocations et de notre environnement ? Il sait que nous avons besoin de cette espérance sûre et des signes annonciateurs que nous voyons maintenant pour nous soutenir au milieu la corruption et du péché qui nous entourent. La solution de Dieu à notre lutte contre la souffrance est unique, ultime et éternelle. Quand nous persévérons fidèlement pendant les temps de souffrance, nous commençons à expérimenter les bénédictions qui seront les nôtres dans la vie à venir. Dans le règne à venir de Christ, nous prospérerons à jamais dans sa bénédiction et sa gloire divine. La solution de Dieu n'est pas un réconfort temporaire ; elle se trouve dans le plan éternel établi depuis le début des temps. Le peuple de Dieu peut le voir en train d'exécuter son plan et peut être assuré qu'il l'achèvera. Le peuple de Dieu et le monde seront entièrement restaurés.

Les bénédictions actuelles et futures

Comme vous pouvez le voir, les promesses de Dieu à son peuple concernent à la fois le présent et le futur. Beaucoup de prédicateurs de l'évangile de la prospérité utilisent certains des versets cités ci-dessus pour apporter la « preuve » que les chrétiens peuvent profiter de toutes ces promesses maintenant. L'erreur de leur prédication ne se trouve pas au niveau des biens que les chrétiens recevront, mais à quel moment ils les recevront. Ces prédicateurs changent la chronologie de Dieu et déforment son plan de restauration.

Dans sa lettre à l'Église de Corinthe, Paul reprochait aux fidèles leur incompréhension des bénédictions de Dieu en Christ. « Déjà vous êtes rassasiés, déjà vous êtes riches, sans nous vous avez commencé à régner. Et puissiez-vous régner en effet, afin que nous aussi nous régnions avec vous ! » (1 Co 4.8.) Paul a comparé leur attitude arrogante à l'humilité et à la pauvreté des apôtres. Les chrétiens de Corinthe agissaient comme si les bénédictions que Dieu a promises pour l'ère à venir étaient déjà les leurs.

Si vous êtes en Christ, alors toutes les promesses de Dieu sont à vous en lui (2 Co 1.20). Cependant, puisque nous nous situons entre la première et la seconde venue de Jésus-Christ, nous attendons toujours la réalisation finale du plan de Dieu, et par conséquent le couronnement de toutes les bénédictions en Christ. Quand Paul écrit au sujet de la gloire qui est la nôtre en Christ, il avait les yeux rivés sur l'avenir. Il a enseigné aux Romains que « les souffrances du temps présent ne sauraient être comparées à la gloire à venir qui sera révélée pour nous » (Ro 8.18). Au cas où nous manquerions l'orientation vers le futur, il ajoute : « Car c'est en espérance que nous sommes sauvés. Or, l'espérance qu'on voit n'est plus espérance : ce qu'on voit, peut-on l'espérer encore ? Mais si nous espérons ce que nous ne voyons pas, nous l'attendons avec persévérance » (Ro 8.24,25). Nous serons libres de toute souffrance en Christ ; cela est une certitude. Toutefois, nous recevrons cette bénédiction à la fin du siècle présent et à l'achèvement du plan de Dieu.

Il n'y a pas de solutions ultimes à notre souffrance dans ce monde. Il n'y a pas non plus de contradiction entre notre souffrance et notre assurance que Dieu mettra fin à toutes nos souffrances.

C'est pourquoi nous ne perdons pas courage. Et lors même que notre homme extérieur se détruit, notre homme intérieur se renouvelle de jour en jour. Car nos légères afflictions du moment présent produisent pour nous, au-delà de toute mesure, un poids éternel de gloire, parce que nous regardons, non point aux choses visibles, mais à celles qui sont invisibles ; car les choses visibles sont passagères, et les invisibles sont éternelles (2 Co 4.16-18).

Les enfants de Dieu arrivent à supporter la souffrance sur cette terre parce qu'ils s'accrochent à l'espoir que Dieu a mis en eux. Ils sont justifiés, sauvés et bénis dès maintenant. Cette assurance leur permet de se réjouir au milieu de la souffrance, car ils savent avec certitude que Dieu mettra bientôt fin à toutes leurs souffrances. Les bénédictions actuelles de Dieu nous garantissent une bénédiction beaucoup plus grande dans le futur.

Le but de Dieu derrière la souffrance

La position des prédicateurs de prospérité selon laquelle Dieu n'a jamais voulu que nous connaissions la souffrance est sans cesse contredite par la Bible. Nous ne devons pas laisser les gens avoir peur de souffrir et douter de l'aide de Dieu, juste parce que leurs prédicateurs ne les y ont pas préparés. Le chrétien ne doit pas avoir peur de la souffrance, non seulement parce qu'elle aura une fin, mais surtout parce que Dieu exerce sa souveraineté sur la souffrance et s'en sert pour bénir ses enfants.

Nous y reviendrons plus loin dans un autre chapitre, mais voyons à présent quelques-unes des raisons pour lesquelles la souffrance n'est pas seulement passagère, mais aussi une bénédiction. Tout d'abord, Dieu augmente notre foi dans la souffrance. Pierre, en expliquant l'orientation future du peuple de Dieu, a souligné ceci :

Béni soit Dieu, le Père de notre Seigneur Jésus-Christ, qui, selon sa grande miséricorde, nous a régénérés, pour une espérance vivante, par la résurrection de Jésus-Christ d'entre les morts, pour un héritage qui ne se peut ni corrompre, ni souiller, ni flétrir, lequel vous est réservé dans les cieux, à vous qui, par la puissance de Dieu, êtes gardés par la foi pour le salut prêt à être révélé dans les derniers temps ! C'est là ce qui fait votre joie, quoique maintenant, puisqu'il le faut, vous soyez attristés pour un peu de temps

> *par diverses épreuves, afin que l'épreuve de votre foi,*
> *plus précieuse que l'or périssable (qui cependant est*
> *éprouvé par le feu), ait pour résultat la louange, la*
> *gloire et l'honneur, lorsque Jésus-Christ apparaîtra*
> *(1 Pi 1.3-7).*

Voyez-vous comment l'évangile de la prospérité rejette la sagesse profonde du plan de Dieu en affirmant que nous pouvons *tout avoir maintenant* ? Notre persévérance dans la souffrance, lorsque nos yeux sont fixés vers l'avenir, augmente véritablement notre foi d'une manière qui glorifie Dieu durablement.

Les chrétiens ne sont pas exempts de souffrance ; ils connaîtront certainement la souffrance et devraient *se réjouir* en elle. Voyez ce que Pierre écrit par la suite :

> *Bien-aimés, ne soyez pas surpris, comme d'une chose*
> *étrange qui vous arrive, de la fournaise qui est au*
> *milieu de vous pour vous éprouver. Réjouissez-vous,*
> *au contraire, de la part que vous avez aux souf-*
> *frances de Christ, afin que vous soyez aussi dans la*
> *joie et dans l'allégresse lorsque sa gloire apparaîtra*
> *(1 Pi 4.12-14).*

Prendre part aux souffrances de Jésus-Christ, comme Paul l'a compris, c'est prendre part à sa résurrection et à sa gloire (Ph 3.10). C'est ce que Jésus avait enseigné dans le sermon sur la montagne (Mt 5.10-12), et ses disciples l'ont par la suite mis en pratique. Après avoir été fouettés pour avoir prêché l'Évangile, ils se retirèrent « joyeux d'avoir été jugés dignes de subir des outrages pour le nom de Jésus » (Ac 5.41). Échapper à la souffrance que nous vivons ici-bas est un faux message qui détourne les chrétiens du plan et de la bénédiction de Dieu. Au lieu de suivre l'évangile de la prospérité, nous devons suivre la Parole de Dieu qui nous encourage à regarder « comme un sujet de joie complète les diverses épreuves auxquelles *[nous pouvons]* être exposés, sachant que l'épreuve de *[notre]* foi produit la patience. Mais il faut que la patience accomplisse parfaitement son œuvre, afin que *[nous soyons]* parfaits et accomplis, sans faillir en rien » (Ja 1.2-4).

Quand les prédicateurs de la prospérité enseignent que Dieu ne veut jamais que vous souffriez, ils sapent tout ce que Dieu peut faire dans nos vies à travers la souffrance. Il est au contrôle de la souffrance qui nous affecte temporairement dans ce monde et il s'en sert pour édifier notre foi. Cette souffrance fait inéluctablement partie de son plan merveilleux pour nous et il nous demande de nous en réjouir. Notre souffrance pour Dieu est le témoignage de notre communion et de notre partenariat avec le Jésus-Christ. C'est en effet un véritable sujet de joie et un fondement biblique de l'espérance chrétienne.

Conclusion

Le péché est la cause de notre souffrance dans ce monde. Une fois que nous avons compris cela, nous ne devons plus chercher des solutions de surface qui ne vont pas à la racine du mal. Dieu, dans son plan rédempteur, a traité le problème du péché et ses conséquences douloureuses une fois pour toutes. En souffrant sur la croix, Jésus-Christ a porté la punition du péché que nous méritions, afin que nous n'ayons pas à souffrir éternellement en enfer.

Dieu a renversé la malédiction et l'a remplacée par la restauration. Nous voyons les signes de cette restauration maintenant, mais elle ne sera pas complète avant que le

Christ ne revienne et ne mette fin à cette ère pour ins-
taurer son règne. L'assurance que nous avons en Christ
que Dieu ôtera définitivement la souffrance nous remplit
d'espérance, et ce, même dans la douleur. Nous pouvons
même nous réjouir dans la souffrance, car elle augmente
notre foi et renforce notre communion avec Jésus-Christ.
Souffrir maintenant fait partie du plan de Dieu. Celui-ci
nous conduit à l'achèvement de l'œuvre de restauration
dans laquelle notre souffrance cessera. C'est cela la sagesse
de Dieu, et c'est une éternelle bonne nouvelle.

Chapitre 5

LE VRAI ÉVANGILE

Conrad Mbewe

C'est une parole certaine et entièrement digne d'être reçue, que Jésus-Christ est venu dans le monde pour sauver les pécheurs, dont je suis le premier (1 Ti 1.15).

Une des plus grandes merveilles du monde a été la propagation du christianisme. Défiant pouvoirs et persécutions, la foi chrétienne a été et continue de se propager à travers le monde, réunissant hommes et femmes de races et de cultures diverses. Au cours de l'histoire, plusieurs autres mouvements ont vu le jour et se sont par la suite éteints. Gamaliel s'attendait à ce que la même chose arrive au christianisme lorsqu'il était devant le sanhédrin (Ac 5.34-39).

Pourtant, la foi chrétienne, jadis croyance d'un petit groupe de personnes à Jérusalem et en Judée, est aujourd'hui respectée et prêchée de l'Afrique à la Corée, jusqu'en Amérique du Sud. Et cela, malgré les oppositions farouches que les chrétiens ont endurées depuis le Ier siècle jusqu'à aujourd'hui. Les missionnaires et les prédicateurs, en particulier, ont souvent payé cher pour avoir annoncé ce qu'ils reconnaissent simplement comme la *Bonne Nouvelle*. On se demande certainement : « Pourquoi il en est ainsi ? Qu'est-ce qui alimente ce mouvement et le rend, contre toute attente, imbattable ? »

Le cœur de ce mouvement est bel et bien la Bonne Nouvelle. Les chrétiens savent qu'ils ont la meilleure, la plus importante et la plus joyeuse nouvelle de l'univers : « Jésus-Christ est venu dans le monde pour sauver les pécheurs » (1 Ti 1.15). L'*Évangile* est un vieux mot français qui signifie simplement « bonne nouvelle » ; tout comme le mot utilisé dans le Nouveau Testament – *evangelion*. Notre message de salut par Jésus-Christ est la Bonne Nouvelle, et nous ne pourrions la garder pour nous-mêmes.

De plus, nous n'osons pas perdre de vue le véritable évangile, tant pour notre bien que pour le bien de ceux qui n'y ont pas encore cru. C'est en Jésus-Christ lui-même que nous nous rappelons ce qui rend cette nouvelle si bonne : l'identité, l'intérêt et l'action de Jésus.

L'identité du Sauveur

Le message chrétien est la meilleure nouvelle dans l'univers, d'abord, à cause de l'identité du Sauveur. Jésus-Christ lui-même a dit : « Je suis le chemin, la vérité et la vie. Nul ne vient au Père que par moi » (Jn 14.6). Ce n'est non par Mohammed, ni par Bouddha, ni par la vierge Marie, ou par quelque autre chef religieux, même dans la chrétienté, que nous sommes sauvés. Ce n'est pas non plus par l'inter-médiaire d'un esprit ancestral, mais par Jésus-Christ seul que nous pouvons être arrachés du péché et de l'enfer, et recevoir la grâce et le ciel. Qui est donc ce Jésus qui fait une déclaration aussi remarquable ?

Tout d'abord, Jésus est le *Messie* (le Christ) promis au sujet de qui les prophètes de l'Ancien Testament avaient parlé et écrit : l'espoir du peuple d'Israël et du monde. Voyez ce que les Psaumes 2 et 45 disent au sujet de la puissance et de l'autorité unique du Messie. Aussi, Genèse 49.10 déclare qu'il serait né de la tribu de Juda au sein de la nation d'Israël. Dans Ésaïe 7.14, nous apprenons le mystère qu'il naîtra de la vierge, tandis que Michée 5.1 nous donne le lieu exact de sa naissance, Bethléem. Et dans beaucoup d'autres passages de l'Écriture, nous découvrons que ce Messie sera un membre de la famille de David (p. ex. És 11). Chose encore plus étonnante, Ésaïe 53 nous dit qu'il souffrira terriblement, mourra pour notre cause et ressuscitera d'entre les morts. Il n'y a qu'une seule personne dans l'histoire qui ait accompli toutes ces prophéties, écrites des centaines d'années auparavant. C'est Jésus-Christ.

Les auteurs des évangiles dans le Nouveau Testament ne veulent pas que vous perdiez l'importance de tout cela. Matthieu a écrit à plusieurs reprises concernant la vie de Jésus sur la terre : « Aujourd'hui cette parole de l'Écriture, que vous venez d'entendre, est accomplie. » Que c'est incroyable ! Jésus lui-même, s'étant levé une fois dans une synagogue, a lu un passage du livre du prophète Ésaïe, et déclara que ce passage en question parlait de lui (Lu 4.16-21).

Imaginez le grand étonnement de ceux qui écoutaient. Une autre fois, Jésus a réprimandé ses disciples de ne pas voir l'accomplissement de ce qu'avait dit l'Ancien Testament à son sujet, y compris le fait qu'il souffrirait, mourrait et ressusciterait d'entre les morts (Lu 24.25-27,44-47). C'est de ce même Jésus que parle l'apôtre Paul quand il dit : « Christ

Jésus est venu dans le monde pour sauver des pécheurs ».
Il est la personne qui est proclamée au monde entier.

Ne manquez pas l'importance de ces quatre mots : *venu
dans le monde.* Contrairement à tous les faux messies et
leaders trompeurs qui promettent beaucoup et donnent très
peu, Jésus-Christ n'est pas de ce monde. Ce Jésus-Christ
que la Bible enseigne n'est pas seulement l'homme par
excellence, mais aussi Dieu. Il est la deuxième personne
incarnée de la sainte Trinité ; le Fils de Dieu.

Chacun des évangiles (Matthieu, Marc, Luc et Jean)
livre ce message et l'apôtre Jean commence son évangile
en ces termes :

> *Au commencement était la Parole, et la Parole était
> avec Dieu, et la Parole était Dieu. Elle était au com-
> mencement avec Dieu. Toutes choses ont été faites
> par elle, et rien de ce qui a été fait n'a été fait sans
> elle.... Et la parole a été faite chair, et elle a habité
> parmi nous, pleine de grâce et de vérité ; et nous
> avons contemplé sa gloire, une gloire comme la
> gloire du Fils unique venu du Père (Jn 1.1-3,14.)*

À chaque extrémité de la vie terrestre de Jésus, il était
clairement décrit comme le Fils de Dieu. Avant sa naissance,
un ange vint dire à Marie que celui qui naîtra de son sein
serait le Fils de Dieu (Lu 1.35). Et à la fin de sa vie, lorsqu'il
rendit son dernier soupir et mourut sur la croix, le soldat
qui avait été témoin de sa mort avoua : « Assurément, cet
homme était le Fils de Dieu » (Mt 27.54). Dans le cas où
nous aurions oublié le point, Dieu le Père a annoncé deux
fois du ciel que Jésus était son Fils (Mt 3.17 ; 17.5).

Pourquoi l'identité de Jésus-Christ est-elle une si bonne
nouvelle ? Quelle que soit la gravité du péché que tu aies

commis, celui qui est omnipotent est venu dans le monde pour te délivrer. Si Jésus n'était qu'un simple être humain, nous serions désespérés, car un tel libérateur ne serait pas assez puissant ; il aurait ses propres péchés, échecs et faiblesses à surmonter avant qu'il puisse même *tenter* de nous délivrer de nos péchés. Mais Christ est le tout-puissant Fils de Dieu, saint et sans péché. Y a-t-il quelque chose qui soit trop difficile à faire pour lui ? (Lu 18.27.) Lui qui a créé ce vaste univers à partir de rien et qui le soutient de sa toute-puissante main, ne peut-il pas réussir à briser les chaînes du péché qui nous tiennent en esclavage ? Non, il ne peut pas échouer. Une fois qu'il entend nos cris et entre en action, les chaînes les plus tenaces du péché cèdent plus vite que les toiles d'araignée devant une flamme. Gloire au Seigneur !

L'intérêt du Sauveur

Ce qui fait du message chrétien une bonne nouvelle est, deuxièmement, *l'intérêt* du Sauveur. Comme nous l'avons dit plus haut, Paul, sous l'inspiration de l'Esprit, a écrit que « Jésus-Christ est venu dans le monde pour sauver les pécheurs ». Ceci n'est pas juste une bonne nouvelle ; c'est une étonnante nouvelle.

Notre conscience nous dit que Dieu est saint. Alors, comment cela peut-il être possible que le Fils de Dieu vienne dans ce monde rechercher la communion avec les *pécheurs* ? C'est ce que les pharisiens avaient du mal à comprendre. Ils s'attendaient à ce que Jésus (même s'ils pensaient qu'il n'était qu'un bon enseignant) évite les pécheurs. Cependant, à leur grande surprise, Jésus les cherchait et les accueillait. « Maintenant, les percepteurs et les pécheurs s'approchaient pour l'entendre », nous dit Luc. « Et les pharisiens et les scribes murmuraient, disant : Cet homme

accueille des gens de mauvaise vie, et mange avec eux »
(Lu 15.1,2). Pourtant, Jésus ne s'était jamais excusé auprès
des pharisiens pour cette conduite. Il leur a plutôt répondu
en ces termes : « Ce ne sont pas ceux qui se portent bien
qui ont besoin de médecin, mais les malades. Je ne suis pas
venu appeler à la repentance des justes, mais des pécheurs »
(Lu 5.31,32).

Le grand intérêt de Jésus à vouloir sauver les pécheurs
est aussi surprenant, car c'est la loi de Dieu que nous bri-
sons chaque fois que nous péchons. C'est lui, Dieu, qui est
offensé. À quand remonte la dernière fois où vous avez
entendu qu'une personne offensée a pris sur elle l'engagement de bénir celui qui l'a offensée ? Durant ma préadoles-
cence, je jouais souvent des mauvais tours. Je me souviens
alors combien j'étais paniqué à la simple vue d'un policier.
Ma conscience me faisait toujours penser que le policier
était à ma recherche ; je trouvais rapidement un moyen de
me mettre hors de sa vue. C'est ainsi que nos consciences
doivent réagir quand nous pensons à la venue du Fils de
Dieu dans le monde. Nous savons que nous méritons une
punition pour les péchés que nous avons commis *contre
lui*. C'est donc étonnant que Jésus-Christ soit venu dans le
monde, non pour punir les pécheurs, mais pour les sauver
du péché (Jn 3.17).

Que cette vérité coule jusqu'au plus profond de notre
être. Ce n'est pas pour les justes que Jésus est venu. Il
est venu pour les pécheurs. Dieu s'intéresse au bien-être
des pécheurs parce qu'il est miséricordieux, et parce qu'il
est plein de grâce et d'amour. La grâce va plus loin que la
miséricorde. La grâce est la miséricorde qu'une personne
offensée manifeste envers son agresseur. Si je vous sauve,
par exemple, de la colère d'une foule en train de vous
tabasser, vous appelleriez cela de la miséricorde. C'est

la sympathie humaine qui me pousserait à vous aider à échapper aux griffes de cette foule. Cependant, imaginez que quelques jours avant cet événement malheureux, vous étiez venu chez moi et vous aviez brisé toutes les fenêtres avec une batte de baseball. Vous attendriez-vous à ce que je vous sauve de la foule après avoir commis une telle chose ? Certainement pas. Cependant, si je vous sauvais quand même, que je vous emmenais à l'hôpital le plus près et que je payais votre ordonnance médicale, ce serait certaine-ment plus que de la miséricorde. En fait, c'est cela la grâce.

Dieu fait grâce aux pécheurs ; même les pires des pécheurs. L'apôtre Paul s'est présenté lui-même comme un exemple de ceux que Jésus-Christ sauve : « Jésus-Christ est venu dans le monde pour sauver les pécheurs, dont je suis le premier » (1 Ti 1.15). Paul souligne ici qu'il est le pire des pécheurs. Avant sa conversion, Paul insultait les chrétiens et disait des choses horribles à propos de Jésus-Christ, le Fils de Dieu. Il a fait souffrir les chrétiens à cause de leur foi en Jésus-Christ, leur Seigneur. En fait, il était en route pour Damas afin de faire fouetter et emprisonner encore plus de chrétiens lorsqu'il fut converti.

Ce témoignage de Paul fait de lui un excellent exemple de l'intérêt de notre Seigneur. « Mais j'ai obtenu misé-ricorde, afin que Jésus-Christ fît voir en moi le premier toute sa longanimité, pour que je servisse d'exemple à ceux qui croiraient en lui pour la vie éternelle » (1 Ti 1.16). En ayant pitié du chef des pécheurs, Dieu veut encourager les autres pécheurs à ne pas fuir loin de lui, mais à demander sa clémence comme l'a fait Paul. Si Dieu peut, en Christ, pardonner à de grands pécheurs comme Paul, il peut éga-lement pardonner à des pécheurs comme toi et moi.

C'est peut-être cela ton problème. Tout au fond de ton être, tu sais bien que ce n'est pas une question d'avoir beaucoup d'argent ou une meilleure santé. Tu as « trop » (comme on le dit) péché contre Dieu et tu essaies de fermer les yeux sur cette réalité. Tu as peut-être ôté la vie à un bébé qui se trouvait dans ton ventre et ta conscience te torture dans le silence de ton âme. Peut-être que tu vis une vie sexuelle immorale et tu es bien conscient que Dieu le sait, car il voit tout ce que tu fais dans le secret. Tu as peut-être passé ta vie à voler les autres et, aujourd'hui, tu es très malheureux de voir devant toi tous ces biens mal acquis.

« Dieu peut-il me pardonner tout cela ? » te demandes-tu. C'est ton plus grand problème. Eh bien, la bonne nouvelle de la foi chrétienne est que Dieu s'intéresse à toi. Il a envoyé son Fils dans le monde non pour condamner, mais pour que par son Fils le monde soit sauvé (Jn 3.17). Crois en cette nouvelle. Dieu s'intéresse à ton salut. C'est pourquoi cette nouvelle est appelée « Bonne Nouvelle ». C'est presque trop beau pour être vrai. Il y a de l'espoir pour toi malgré tous tes péchés. Bien que méritant l'enfer, tu peux toi aussi passer l'éternité au ciel.

L'intervention du Sauveur

En fin de compte, le message chrétien est la meilleure nouvelle au monde, à cause de *l'intervention* du Sauveur. « Jésus-Christ est venu dans le monde pour sauver les pécheurs. » Si une personne a besoin d'être sauvée, c'est parce qu'elle a des ennuis et ne peut pas se sauver elle-même. Celui qui a besoin de secours est une personne impuissante et incapable de changer sa situation. Sans un sauveur, cette personne est abandonnée à son sort.

Lorsque nous parlons de sauvetage, nous pouvons imaginer une équipe de commandos envoyés au cœur d'un territoire ennemi pour libérer des otages ; ou un hélicoptère transportant des sauveteurs en haute mer pour secourir des passagers à bord d'un navire qui coule. Peut-être avons-nous en tête l'image d'un avion-cargo des Nations unies qui va livrer de la nourriture ou des médicaments à une famille affamée dans une région dévastée par la famine. Dans chacun des cas, les bénéficiaires de l'aide ne peuvent s'aider eux-mêmes. C'est impossible. S'ils ne sont pas secourus, ils périront.

Jésus-Christ a mis en œuvre une telle intervention. Le danger est tel que ce ne sont pas seulement les meurtriers ou les voleurs qui sont concernés ; nous avons tous besoin d'être sauvés de notre péché. Au début de l'histoire de l'humanité, nos premiers parents, Adam et Ève, ont péché contre Dieu en mangeant le fruit de l'arbre que Dieu leur avait interdit de manger (Ge 3). Cette rébellion égocentrique contre Dieu a eu des conséquences sur chacun de leurs descendants, toi et moi y compris. Depuis lors, nous sommes tous pécheurs de nature.

Comme Adam et Ève, nous avons tous aussi péché et « le salaire du péché, c'est la mort » (Ro 6.23). Jésus t'a-t-il sauvé des conséquences de ta nature pécheresse et des péchés que tu as commis ? Si ce n'est pas encore le cas, tu dois toujours t'acquitter du salaire de ton péché. Voilà pourquoi la Bible dit : « Mais pour les lâches, les incrédules, les abominables, les meurtriers, les impudiques, les enchanteurs, les idolâtres, et tous les menteurs, leur part sera dans l'étang ardent de feu et de soufre, ce qui est la seconde mort » (Ap 21.8). Tous les pécheurs non sauvés devront passer toute l'éternité dans ce lac de feu.

L'enfer est une séparation permanente de Dieu pour ceux qui ne se sont jamais réconciliés avec Dieu. Nous sommes nés égocentriques et esclaves d'une morale dégradante ; nous sommes spirituellement morts. En écrivant à ceux qui ont été ramenés à la vie en Christ, Paul dit : « Vous étiez morts par vos offenses et par vos péchés, dans lesquels vous marchiez autrefois, selon le train de ce monde [...] accomplissant les volontés de la chair et de nos pensées, et nous étions par nature des enfants de colère, comme les autres » (Ép 2.1-3). C'est cet état de péché qui crée en nous ce besoin désespéré d'un Sauveur.

Nous *ne pouvons pas* nous sauver nous-mêmes. Si le fait d'être en santé et riche pouvait régler notre problème, nous n'aurions pas besoin de l'aide d'un Sauveur. En général, avec de bons conseils sur les principes d'hygiène et d'économie, nous pouvons améliorer l'état de notre santé et parvenir à nous enrichir. Avions-nous vraiment besoin que le Fils de Dieu vienne mourir sur la croix pour nous sauver de la pauvreté et de la maladie ? Nous avons absolument besoin de l'intervention d'un Sauveur, mais c'est pour qu'il nous sauve de la mort éternelle.

Comment Jésus-Christ est-il intervenu pour nous sauver de cette situation désespérée ? Il l'a fait par sa vie sans péché, sa mort sur la croix, et sa victoire sur la mort par sa résurrection. C'est cela le summum de la bonne nouvelle de la foi chrétienne. « Car, lorsque nous étions encore sans force, Christ, au temps marqué, est mort pour des impies » (Ro 5.6). Jésus, le Fils de Dieu qui est sans péché est venu dans ce monde et a parfaitement obéi à son Père. La mort n'avait aucune revendication sur lui. Mais alors, il a pris sur lui notre dette – notre culpabilité – et mourut à notre place sur la croix ; il a été notre substitut. La Bible dit : « Celui qui n'a point connu le péché, il l'a fait devenir péché pour nous, afin que nous devenions en lui justice de Dieu » (2 Co 5.21). Trois jours après la crucifixion, Dieu ressuscita Jésus-Christ d'entre les morts pour montrer qu'il était pleinement satisfait de cette mort en notre nom. Ainsi, tous ceux qui croient en Jésus, même s'ils meurent, reviendront à la vie et seront avec Dieu pour toujours. Leur dette a été intégralement payée par la mort de Christ sur la croix.

La mission de sauvetage de Dieu ne s'arrête pas là. Après la résurrection de Christ d'entre les morts, il est allé au Père dans les cieux et ils ont envoyé le Saint-Esprit pour être le consolateur et le conseiller du peuple de Dieu. Le Saint-Esprit vient dans nos cœurs et nous apporte la vie spirituelle, nous donnant ainsi la communion avec Dieu et le pouvoir de nous oublier nous-mêmes afin d'aimer les autres, d'aimer Dieu et de lui obéir.

L'évangile de Jésus-Christ est donc « le pouvoir de Dieu pour le salut de quiconque croit » (Ro 1.16). Il transforme les gens – pas de l'extérieur comme le prétendent les faux prédicateurs – mais de l'intérieur, les équipant pour l'éternité en présence de Dieu. Paul s'émerveille de cette transformation à l'œuvre dans la vie des croyants de Corinthe. « Ne savez-vous pas que les injustes n'hériteront point le royaume de Dieu ? Ne vous y trompez pas : ni les impudiques, ni les idolâtres, ni les adultères, ni les efféminés, ni les infâmes, ni les voleurs, ni les cupides, ni les ivrognes, ni les outrageux, ni les ravisseurs, n'hériteront le royaume de Dieu. Et c'est là ce que vous étiez, quelques-uns de vous. Mais vous avez été lavés, mais vous avez été sanctifiés, mais vous avez été justifiés au nom du Seigneur Jésus-Christ, et par l'Esprit de notre Dieu » (1 Co 6.9-11).

C'est cela la Bonne Nouvelle, et elle mérite d'être pleinement acceptée. C'est cette bonne nouvelle qui fait de la foi chrétienne un mouvement missionnaire qui grandit sans cesse. Nous avons la meilleure des nouvelles au monde : « Jésus-Christ est venu dans le monde pour sauver les pécheurs. » C'est Dieu lui-même qui est descendu pour nous sauver. Donc, peu importe à quel point tu es profondément asservi au péché, si tu reconnais ta situation désespérée et fais appel à Jésus-Christ pour te sauver, il le fera. Tes péchés seront effacés et ton cœur sera transformé pour que tu commences à vivre une vie qui était auparavant impossible. Ainsi, tu pourras regarder la mort en face et ne plus trembler parce que tu sais que son aiguillon a été enlevé par la mort de Jésus, ton Sauveur ; tout ce que la mort peut faire, c'est de te conduire auprès de Dieu au ciel. Ainsi, comme le naufragé qui aperçoit un bateau, criez au Seigneur Jésus-Christ et laissez-le vous sauver de la mort. Il peut le faire aujourd'hui !

Chapitre 6

LES BÉNÉDICTIONS DU VRAI ÉVANGILE

Michael Otieno Maura

Étant donc justifiés par la foi, nous avons la paix avec Dieu par notre Seigneur Jésus-Christ, à qui nous devons d'avoir eu par la foi accès à cette grâce, dans laquelle nous demeurons fermes, et nous nous glorifions dans l'espérance de la gloire de Dieu. Bien plus, nous nous glorifions même des afflictions, sachant que l'affliction produit la persévérance, la persévérance la victoire dans l'épreuve, et cette victoire l'espérance. Or, l'espérance ne trompe point, parce que l'amour de Dieu est répandu dans nos cœurs par le Saint-Esprit qui nous a été donné (Ro 5.1-6).

Il y a des choses qui ne devraient jamais être éloignées de l'esprit d'un chrétien. Ce sont, entre autres, les bénédictions associées à l'Évangile. Quel sujet merveilleux !

Cela nous inspire, nous encourage, nous rend humbles et met en perspective les nombreuses expériences de la vie. Se rappeler des bénédictions que nous avons en Dieu nous donne une idée exacte de qui il est. Cela nous incite à vivre pour la gloire et l'honneur de Dieu dans cette vie. Or, aujourd'hui, les gens ont souvent une mauvaise conception des bénédictions.

J'ai prêché à Massai pendant plusieurs années. Et depuis que je suis arrivé à Nairobi, les gens disent de moi que je suis béni simplement parce que j'ai déménagé d'une zone rurale à la grande ville. Beaucoup de chrétiens ont cette mauvaise conception des bénédictions. Il en résulte que leurs cœurs et leurs esprits sont attirés vers les avantages mondains et les plaisirs passagers de ce monde. Dieu connaît nos cœurs ; il nous a prévenus de cette erreur dans l'Écriture, et il l'a critiquée.

Paul a écrit aux chrétiens vivant dans l'une des plus grandes et des plus puissantes villes du monde antique – Rome. Tout autour d'eux, ils voyaient la richesse, le pouvoir et le prestige déployés et glorifiés. Mais rien de tout cela n'a intéressé Paul. Son accent était mis sur l'Évangile. Dans le chapitre 1, il décrit l'Évangile comme « la puissance de Dieu pour le salut de quiconque croit » (Ro 1.16). Et non seulement cela, mais « en lui [*l'Évangile*] est révélée la justice de Dieu […] selon qu'il est écrit : "Le juste vivra par la foi" » (Ro 1.17).

Cependant, pour reconnaître le pouvoir et la grâce de l'Évangile, nous devons voir notre situation réelle. Ainsi, au verset 18, Paul dit que « la colère de Dieu se révèle du ciel contre toute impiété et toute injustice des hommes ». Cette déclaration est très pertinente pour nous tous, car Paul, au chapitre 2, révèle que *le monde entier* est coupable devant Dieu.

La mauvaise nouvelle nous prépare pour la bonne nouvelle. Au chapitre 3, à partir du verset 21, nous pouvons voir la beauté de la justification par la foi ; nous ne devenons pas en règle avec Dieu par quelque chose que nous pourrions faire. C'est notre foi en Jésus-Christ seul qui nous rend juste devant Dieu.

Ce n'est pas un concept nouveau. Au chapitre 4, il y a l'exemple de deux personnes qui furent justifiées par Dieu, uniquement au moyen de leur foi en lui. Abraham et David furent justifiés uniquement par la foi. Dieu a toujours travaillé de cette façon.

Paul a commencé le chapitre 5 de Romains avec les mots « ainsi donc » afin que nous ne perdions pas de vue son propos. Après avoir décrit la foi d'Abraham, Paul a poursuivi ainsi : « Étant *donc* justifiés par la foi, nous avons la paix avec Dieu par notre Seigneur Jésus-Christ ». Paul voulait que nous comprenions que c'est le seul moyen par lequel Dieu *sauve*. La justification par la foi est biblique.

Permettez-moi donc de clarifier et de définir ce que c'est que la justification par la foi. La justification par la foi est un acte de la grâce gratuite de Dieu. Dieu, de sa propre initiative, pardonne tous nos péchés et nous déclare justes à ses yeux à cause de la justice de Christ qui nous est imputée. Nous recevons ce don seulement par la foi en l'œuvre accomplie du Seigneur Jésus-Christ. C'est cela la justification par la foi.

Il est difficile pour beaucoup de gens d'accepter le fait qu'ils ne soient pas en charge de cela. Chaque personne veut se faire passer pour le héros de sa propre histoire. Pourtant, Dieu donne la justification librement ; nous ne pouvons pas la gagner nous-mêmes. Rappelez-vous de Luther : c'est en lisant Romains 1.17 qu'il a découvert que le juste vit par la foi. Cette découverte a transformé sa vie. Le Saint-Esprit a illuminé son esprit et, tout d'un coup, cet homme exténué et agonisant dans la lutte pour l'obtention de son salut comprit que l'homme est justifié par la foi seule.

Est-ce ce message-là que nous prêchons ? Sommes-nous libérés par le message de la justification par la foi, ou pensons-nous toujours que nous sommes justifiés par les actes que nous posons ? Avons-nous accepté de tout notre cœur et de toute notre force la justification par la foi ? Nous avons besoin de gens qui iront faire savoir au monde que Dieu justifie par la foi.

Bénédiction numéro un : la paix avec Dieu

Après avoir expliqué aux Romains ce que c'est que la justification par la foi, Paul leur a ensuite montré les avantages et les bénédictions qu'elle apporte. Ce chapitre parle des bénédictions de l'Évangile de la justification par la foi. Nous pouvons voir la première bénédiction au premier verset du chapitre cinq : « Étant *donc* justifiés par la foi, nous avons la paix avec Dieu par notre Seigneur Jésus-Christ. »

Rappelez-vous de ce que nous avons appris dans Romains 1.18 : tous sont coupables. C'est un problème que seul Dieu peut résoudre. « Mais Dieu prouve son amour envers nous, en ce que, lorsque nous étions encore des pécheurs, Christ est mort pour nous » (Ro 5.8). C'est cela la puissance et la raison de la mort de Christ : « Lorsque nous étions ennemis, nous avons été réconciliés avec Dieu » (Ro 5.10). Paul ne parlait pas essentiellement d'une paix intérieure, d'une quelconque expérience ou d'un sentiment. Il s'agit de la restauration d'une relation avec le Créateur qui avait été rompue.

Un pécheur est ennemi de Dieu. Sans la foi en Jésus-Christ, nous demeurons en guerre avec Dieu. Pourquoi ? Dieu est saint et juste, pourtant nous avons rejeté sa justice. Dieu est exalté par-dessus tout et il demeure dans la sainteté. Pourtant, nous avons choisi d'aller contre sa sainteté avec notre péché, qui est celui d'être centré sur nous-mêmes. Notre égocentrisme ne nous mène nulle part, car tout ce que Dieu attend de nous, c'est que nous soyons justes. Pourtant, nul n'est juste (Ro 3.9-18,23).

Par conséquent, nous avons besoin de cette justification pour avoir la paix avec Dieu. Nous sommes tous pécheurs à cause de notre nature humaine pervertie. Le péché d'Adam nous a été imputé ; nous sommes les héritiers d'Adam, qui a désobéi à Dieu et introduit le péché dans la race humaine. Ainsi, depuis la naissance, nous sommes en guerre avec Dieu. Il est saint et exige la sainteté, mais nous ne sommes pas conformes à cette sainteté.

Un examen honnête nous amènera à conclure que notre nature est corrompue. Nos émotions, notre compréhension, nos paroles et nos actions nous séparent tous de Dieu. Nous ne pouvons pas avoir une bonne relation avec Dieu par nos propres efforts. Nous ne sommes pas seulement pécheurs en Adam, mais nous péchons aussi de par nos actes, et selon notre propre désir. Parce qu'il est juste, Dieu condamne les pécheurs.

Pouvez-vous donc maintenant comprendre que la paix avec Dieu est une bénédiction formidable ? Nous devrions être débordants de joie d'apprendre qu'un pécheur – condamné, misérable, méritant de subir un châtiment juste – puisse maintenant avoir la paix avec Dieu. Si vous êtes justifiés par la foi, alors vous êtes réconciliés ; vous êtes en paix avec votre Créateur. Voici ce que nous devrions prêcher tous les dimanches : l'homme peut avoir la paix avec Dieu. Les chrétiens ne sont plus en guerre avec Dieu. Ils sont maintenant de son côté.

Quelles sont les implications et les conséquences de cette paix avec Dieu ? Premièrement, nous n'avons pas besoin de remettre en question notre relation avec notre Dieu. La punition que nous aurions dû subir est tombée sur notre substitut à la croix du Calvaire. Et la justice du Seigneur Jésus-Christ est devenue nôtre. Lorsque Dieu nous regarde, il ne nous voit plus ; il voit la justice de son Fils. Nous sommes donc justes à ses yeux.

J'ai une fille qui est à l'école primaire. Lorsque je reçois une facture pour les frais scolaires, je me rends à l'école et je donne au directeur la somme due. Si l'on demande en classe qui a payé pour ses articles scolaires, ma fille va lever la main, même si ce n'est pas elle qui a remis l'argent au directeur. C'est mon argent, mais on considère qu'elle a payé. C'est ce que Dieu a fait pour nous en Christ. Ainsi donc, quand le diable nous rappelle notre péché et nous fait douter de notre relation avec Dieu, nous avons une réponse. La justice de Dieu nous a été créditée par le Seigneur Jésus-Christ. Nous avons la paix avec Dieu à travers Jésus-Christ.

Ainsi, la paix entre Dieu et nous pour laquelle Jésus-Christ a payé le prix nous apporte également la paix dans nos cœurs. Notre conscience ne nous éloigne plus de Dieu. Une fois justifiés et que la justice de Christ nous a été imputée, notre conscience cesse de nous accuser. La justice de Dieu se réalise dans la mort du Seigneur Jésus-Christ pour nous. Satan peut nous accuser, mais il ne peut nous condamner, car nous avons été justifiés par Dieu lui-même.

Est-ce cela que nous enseignons ? Je me souviens d'un jeune homme qui est venu me voir il y a quelques années de cela et m'a dit : « Pasteur, j'ai rechuté hier soir. » Je lui ai demandé : « Pourquoi ? » Il m'a répondu : « J'ai rêvé que j'étais ivre, j'ai donc perdu mon salut. » Cette façon de réagir montre que nous n'enseignons pas aux gens cette vérité : *le salut ne dépend pas de nous*. La justification ne dépend pas de ce que nous faisons ; elle dépend de ce que le Seigneur Jésus-Christ a fait et de sa justice. Il y a beaucoup de gens qui s'inquiètent au sujet de leur salut et ils ont besoin que nous allions leur annoncer que si nous sommes justifiés par la foi en Jésus-Christ, nous avons la paix éternelle avec Dieu. « Il n'y a donc maintenant *aucune condamnation* pour ceux qui sont en Jésus-Christ » (Ro 8.1).

Le seul chemin qui conduit à la paix avec Dieu

C'est donc cela la bénédiction numéro un : « Étant donc justifiés par la foi, nous avons la paix avec Dieu *par* notre Seigneur Jésus-Christ » (Ro 5.1). Avant de passer à la bénédiction suivante, je voudrais souligner le mot *par*.

Certaines personnes pensent et agissent comme si la paix avec Dieu pouvait être obtenue par d'autres moyens. Paul l'a clairement expliqué : c'est *par le Seigneur Jésus-Christ* seul que nous pouvons obtenir cette paix avec Dieu. Jésus-Christ est le seul médiateur entre Dieu et l'homme. Il n'existe aucun autre moyen d'avoir cette grande bénédiction de la paix avec Dieu. Ce ne doit être que par Jésus-Christ seul.

Nous avions un très petit bureau de poste où je vivais. J'étais dans un village appelé Uganja. Si vous nous écriviez, vous deviez inscrire l'adresse suivante sur l'enveloppe : BP 13, Ugunja, *via* Siaya. Pour que la lettre arrive jusqu'à nous, elle devrait passer par Siaya. Cette paix avec Dieu est via Jésus-Christ. Il n'y a pas d'autre voie. C'est le Seigneur Jésus-Christ qui a vécu une vie parfaite. Et sa vie parfaite a accompli la loi en notre nom. Lui seul a vécu une vie parfaite sans péché.

Jésus-Christ est celui qui a expié notre péché par son précieux sang. Il est le seul à avoir satisfait la loi morale de Dieu. Il est le seul homme qui a atteint la norme de perfection de Dieu. C'est pourquoi la paix avec Dieu n'est possible que par Jésus-Christ seul. Est-ce de cela que nous parlons tous les dimanches ? Notre vie quotidienne démontre-t-elle que nous croyons en la paix avec Dieu par le Seigneur Jésus-Christ ?

Vous pouvez recevoir une onction d'huile sur votre tête ou sur vos pieds, ou même nager dans une piscine d'eau bénite. Toutefois, cela ne vous apportera pas la paix avec Dieu ; non, pas du tout. C'est l'œuvre du paganisme et elle doit prendre fin. Nous devons aller annoncer aux gens : vous pouvez avoir la paix avec Dieu par Jésus-Christ et par Jésus-Christ seul.

L'un de mes passages préférés qui met en lumière la suffisance du Christ est 1 Corinthiens 1.30,31 : « Or, c'est par lui que vous êtes en Jésus-Christ, lequel, de par Dieu, a été fait pour nous sagesse, justice et sanctification et rédemption, afin, comme il est écrit, que celui qui se glorifie se glorifie dans le Seigneur. »

À l'image du jeune homme riche dans les évangiles, certaines personnes s'éloignent tristement quand nous prêchons les bénédictions éternelles de l'Évangile. Mais la paix avec Dieu ne vient pas des choses matérielles. Pensez aux hommes qui prêchent l'Évangile dans les villages les plus reculés. Ces pasteurs, qui parcourent parfois des kilomètres sans chaussures et sans bicyclette, sont richement bénis. Ils ont la paix avec Dieu et ils proclament cette paix avec Dieu par Jésus-Christ. C'est la cause que nous devons défendre.

Bénédiction numéro deux : l'accès à Dieu

Nous voyons la deuxième bénédiction dans le verset 2 de Romains 5 : « à qui nous devons *d'avoir eu par la foi accès* à cette grâce, dans laquelle nous demeurons fermes ». Maintenant, parce que nous avons été justifiés et que nous avons la paix avec Dieu, nous avons aussi accès à Dieu. Nous avons maintenant accès au trône de grâce de Dieu que nous ne méritions pas.

Nous étions des rebelles exclus de la présence de Dieu. Laissez-moi vous donner un exemple. Lors des élections de 1992 au Kenya, au temps du président Daniel arap Moi, plusieurs personnes ont quitté leurs partis pour rejoindre le *Kenya African National Union* (le parti de Moi). Ces transfuges provenant de zones rurales se rendirent au palais présidentiel et furent conduits à la résidence du président. Ils y mangèrent et eurent l'occasion de rencontrer le président en personne. Celui-ci les amena même en campagne électoral avec lui. Ces personnes qui s'étaient opposées autrefois au président eurent soudainement accès au palais présidentiel.

De même, chacun de nous s'était rebellé contre Dieu. Toutefois, le Seigneur Jésus-Christ, depuis que nous avons été justifiés par la foi, nous a conduits à Dieu lui-même. Et maintenant nous avons accès à lui. Nous avons été introduits dans la présence de Dieu. Sa justification nous donne la sécurité et la confiance devant notre Dieu.

La présence de Dieu a toujours été importante pour le peuple de Dieu. Souvenez-vous que le Temple était un symbole de la présence de Dieu parmi son peuple. Même le Temple était divisé en trois parties : le saint des saints, le lieu saint, et le parvis extérieur. Dans le saint des saints se trouvait le propitiatoire ; seul le grand prêtre pouvait entrer dans ce lieu et il y accédait une seule fois par année pour offrir un sacrifice pour les péchés du peuple. Mais le sacrifice pour nous a été fait une fois pour toutes. Et maintenant, le Seigneur Jésus-Christ nous a introduits dans la présence du Dieu Très-Haut. Nous avons accès à la présence de Dieu.

L'auteur de l'épître aux Hébreux résume très bien cela :

Ainsi, puisque nous avons un grand souverain sacrificateur qui a traversé les cieux, Jésus, le Fils de Dieu, demeurons fermes dans la foi que nous professons. Car nous n'avons pas un souverain sacrificateur qui ne puisse compatir à nos faiblesses ; au contraire, il a été tenté comme nous en toutes choses, sans commettre de péché. Approchons-nous donc avec assurance du trône de la grâce afin d'obtenir miséricorde et de trouver grâce, pour être secourus dans nos besoins (Hé 4.14-16).

Ce que nous avons en Jésus-Christ est encore plus grand que ce qu'avaient les saints de l'Ancien Testament. En Jésus-Christ, nous avons un grand souverain sacrificateur qui nous donne accès à la présence Dieu. Par conséquent, nous pouvons approcher le trône de grâce avec assurance. Nous avons obtenu l'accès par Jésus-Christ, et nous pouvons nous approcher avec confiance. C'est une grande bénédiction.

Cependant, tâchons de ne pas avoir une mauvaise idée de la confiance que nous pouvons et devrions avoir en Jésus-Christ. Dieu est un feu dévorant. Ne croyons pas pouvoir le tromper. Dans la Bible, nous voyons le sort réservé à ceux qui déshonorent et méprisent Dieu. Dieu est saint et il exige de nous la révérence. Quand nous nous approchons de lui, ce n'est pas pour contester ou exiger quoi que ce soit.

Nous pouvons être confiants, car nous savons que l'accès que le Christ a obtenu pour nous, et que nous avons reçu par la foi, n'est pas douteux. Dieu l'a accepté et cela est sûr. Imaginez que vous avez été invité à un mariage. Si l'on vous demandait pourquoi vous devriez être autorisé à entrer, vous présenteriez votre carte d'invitation. Vous êtes invités ; vous ne devriez donc pas vous inquiéter. Le Seigneur Jésus-Christ nous a invités et nous a donné sa justice. Cette confiance n'est pas le fruit de nos propres œuvres ; elle provient du fait qu'il nous a lavés par son sang et que sa justice nous a été donnée. C'est une confiance basée sur ce que le Seigneur Jésus-Christ a accompli pour nous.

Malgré cet accès que nous avons auprès Dieu, certaines Églises et certains prédicateurs essaient de mettre une barrière entre les chrétiens et Dieu. Nous n'avons pas besoin d'un prêtre pour nous donner accès à Dieu. Ce ne sont pas seulement les prêtres catholiques qui se font passer pour les portiers du trône de la grâce. Aujourd'hui, plusieurs Églises sont tombées dans la tentation du culte de la personnalité. Le pasteur est la seule personne qui peut prier pour vous. Il est le seul qui peut vous bénir. S'il part en voyage, vous devez lui demander de vous appeler pour qu'il prie pour vous au téléphone. Les chrétiens ont besoin d'être enseignés qu'ils n'ont accès à Dieu que par Jésus-Christ.

Dans la plupart de nos cultures, nous avons l'habitude d'avoir des gens pour nous représenter, des gens qui servent d'intermédiaires entre Dieu et nous. Toutefois, cela n'est pas le fruit de l'Évangile. Tous ceux qui croient au Seigneur Jésus-Christ ont obtenu l'accès à Dieu. Ce n'est pas par notre travail, par l'argent que nous donnons, par notre propre force, par nos capacités, ou par notre histoire. Nous avons cette bénédiction d'avoir accès à Dieu tout simplement parce que Dieu lui-même nous a déclarés justes par le mérite de son Fils.

Bénédiction numéro trois : la joie de l'espérance en la gloire de Dieu

Il y a encore plus de bénédictions à venir. La paix avec Dieu et l'accès à lui en Christ Jésus nous procurent la *joie* à cause de l'espérance qu'ils nous donnent. Voyons Romains 5.2 à nouveau : « par notre Seigneur Jésus-Christ, à qui nous devons d'avoir eu par la foi accès à cette grâce, dans laquelle nous demeurons fermes, et nous nous glorifions *dans l'espérance de la gloire de Dieu* ».

L'expression se *glorifier* est aussi traduite par *se vanter*, et si nous combinons ces deux mots, nous avons une bonne compréhension de l'idée de Paul. Il parle d'une confiance enthousiaste en quelque chose de merveilleux[1]. Lorsque nous savons avec certitude qu'une chose précieuse – une personne, un don, un trésor – est à nous, cela nous apporte de la *joie*. En Jésus, nous sommes sûrs d'avoir obtenu la plus belle chose. Nous nous réjouissons dans l'espérance de la gloire de Dieu. Paul a dit aux Romains : Abraham fut justifié par la foi. David fut justifié par la foi. Et l'œuvre expiatoire du Seigneur Jésus-Christ à la croix du calvaire nous a donné la paix avec Dieu. Elle nous a donné accès auprès de lui. Pour cela, nous pouvons maintenant nous réjouir qu'un jour nous partagerons la gloire de Dieu.

Cependant, tout comme le mot *bénédiction*, les mots *joie* et *se réjou*ir sont mal utilisés aujourd'hui. Cette joie dont nous parlons ne vient pas de ce que nous pourrions obtenir

---

1. Voir Darrell Bock, *The Bible Knowledge Word Study: Acts-Ephesians*, Colorado Springs, Cook, 2006, p. 152.

de l'extérieur. C'est une joie qui résulte de notre justification par la foi en Jésus-Christ. La joie n'est pas définie par les cris et les rires. J'ai vu des gens rire une nuit entière, affirmant que c'était la joie du Seigneur. Ce n'est pas la joie du Seigneur. La joie dont Paul nous a parlé est une réjouissance en la certitude de la bénédiction éternelle. Nous sommes certains que nous partagerons la gloire de Dieu.

Ce n'est pas un vague espoir, comme l'espoir d'obtenir prochainement un bon emploi ou une belle maison. C'est être sûr qu'un jour nous verrons la gloire du Dieu qui nous a justifiés. Sans l'ombre d'un doute, nous savons qu'il a nous a sauvés ; il nous a secourus, et nous aurons part à sa gloire. Dans Colossiens 1.27, il est dit : « Christ en vous, l'espérance de la gloire. » Si vous avez le Seigneur Jésus-Christ en vous, alors vous pouvez avoir l'espoir de la gloire.

Et l'on n'espère pas en quelque chose qui n'existe pas encore. Dieu ne nous trompe pas. Sa gloire a toujours été là et elle soutient le monde. Un jour, elle couvrira la terre entière et nous y aurons part. Si vous êtes déjà allés voir une pièce de théâtre, vous savez qu'il y a un rideau sur la scène. Avant le début de la pièce, le rideau est fermé. Les acteurs sont déjà en place et le public attend que le rideau se lève. Lorsque le rideau se lève, vous voyez tout ce qui était déjà sur le podium. La gloire de Dieu existe et, un jour, ceux qui sont justifiés par la foi, non seulement la verront, mais aussi ils y participeront.

Avez-vous perdu de l'intérêt pour la gloire de Dieu ? Le monde tente de nous distraire avec le désir du péché, et certains veulent échanger la gloire de Dieu contre ce qu'ils veulent posséder ici-bas, et maintenant. Nous avons cependant quelque chose de plus précieux que l'or, l'argent, ou tout ce que ce monde a à offrir. Vous ne pouvez pas trouver cette bénédiction en dehors de l'évangile de Jésus-Christ.

Notre Seigneur Jésus sait qu'avoir part à la gloire de Dieu est une bénédiction incomparable. Il le désire ardemment pour nous et prie pour que cela se réalise : « Père, je veux que là où je suis ceux que tu m'as donnés soient aussi avec moi, afin qu'ils voient ma gloire, la gloire que tu m'as donnée, parce que tu m'as aimé avant la fondation du monde » (Jn 17.24). Les chrétiens ont l'espérance sûre d'avoir part à la gloire de Dieu. Et cette espérance leur donne la joie.

Bénédiction numéro quatre : la joie dans la souffrance

Le monde nous promet des choses qui disparaissent et qui se réduisent en poussière. Les bénédictions qui proviennent de l'Évangile durent éternellement. Une autre bénédiction que nous avons, c'est que, même dans nos souffrances, nous pouvons nous réjouir. « Bien plus, *nous nous glorifions même des afflictions*, sachant que l'affliction produit la persévérance » (Ro 5.3). Nous pouvons nous réjouir dans nos souffrances. Quelle bénédiction étrange !

Si vous prêchez un tel message dans certaines Églises, les gens deviennent moroses. Il y avait une Église à Nairobi qui avait une grande banderole : « Arrêtez de souffrir – joignez-vous à l'Église universelle du Christ. » La Bible ne promet pas cela, mais elle nous dit que nous pouvons nous réjouir dans nos souffrances. Devrions-nous supprimer ce verset de la Bible ? Non. Nous devrions plutôt incliner la tête et remercier Dieu. Ceux qui ont été justifiés, peuvent et doivent se réjouir même dans la persécution. Comment est-ce possible ?

Premièrement, la souffrance est un moyen vital pour notre sanctification. Nous pouvons nous réjouir dans la souffrance parce que la tribulation produit la persévérance.

(Il y a aussi la mauvaise souffrance. Si je suis puni pour avoir volé, ce n'est pas pour la gloire de Dieu et ce n'est pas non plus une souffrance chrétienne.) Quand nous faisons face à des problèmes à cause de notre foi en Jésus-Christ, Dieu s'en sert pour édifier notre foi. As-tu déjà été ridiculisé à cause de ta foi ? Lorsque dans la souffrance, nous restons accrochés à Dieu, notre Seigneur se sert de cette situation pour renforcer notre attachement à lui. Et lorsque cette situation se présente à nouveau, nous tenons encore plus ferme en lui. La souffrance produit la persévérance dans la foi.

Paul nous dit aussi que la persévérance forge le caractère. Un chrétien fidèle est une personne qui a connu des moments de difficultés qui ont été pour elle un moyen d'apprentissage. Souvenez-vous de l'expérience de David, et comment cela a façonné son caractère. Quand Saül lui a demandé s'il pouvait combattre contre Goliath, David avait une réponse toute prête. Il s'occupait du troupeau de son père, et quand un lion ou un ours venait pour attaquer les brebis, il le tuait. Il avait expérimenté le secours de Dieu au moment d'une menace et cette expérience avait forgé son caractère. Il pouvait donc dire : « L'Éternel, qui m'a délivré de la griffe du lion et de la patte de l'ours, me délivrera aussi de la main de ce Philistin » (1 Sa 17.37). La souffrance forme le caractère.

Nous nous réjouissons également dans la souffrance parce qu'elle révèle la puissance de Dieu. Un de mes professeurs, Martin Bussey, avait l'habitude de nous donner l'exemple d'un missionnaire qui est allé prêcher dans un lieu où il n'y avait pas eu de fruit sur une longue période. Un de ses enfants tomba malade et finalement il mourut. Ce missionnaire, en tant qu'enfant de Dieu, n'a ni souffert ni pleuré comme le monde le fait (1 Th 4.13). Les gens en ont pris bonne note. Ils ont remarqué la façon dont ce missionnaire a géré la maladie et la mort de son enfant et se demandaient pourquoi il était si différent. Le lendemain, les gens ont commencé à venir l'écouter. La façon dont un chrétien gère la souffrance révèle la puissance de Dieu. Le monde peut voir la puissance et la grâce de Dieu dans notre vie, et cela peut être une occasion d'attirer des âmes vers notre Sauveur.

La souffrance nous prépare également pour être des outils dans le futur. Pouvez-vous imaginer un prédicateur qui n'est pas compatissant ? Parfois, les prédicateurs doivent éprouver de la souffrance pour le bien des autres. Lorsque nous sommes éprouvés par la souffrance, nous sommes plus aptes à sympathiser avec ceux qui souffrent et nous pouvons leur venir en aide.

En outre, le ministère d'un chrétien éprouvé possède une faculté spéciale pour édifier nos âmes. Je voudrais citer l'exemple de notre frère John Nkarithia de Maithene-Meru, qui est maintenant auprès du Seigneur. John a connu beaucoup de moments de souffrance et de maladie. Toutefois, il rendait gloire à Dieu pour tout. En allant le visiter, les gens songeaient à l'encourager, mais ce sont eux qui retournaient chez eux encouragés. Avant de mourir, John a même prié pour moi afin que j'aille prêcher l'Évangile. Nous glorifions Dieu dans notre souffrance quand nous nous en servons pour enseigner les autres.

Soyez prêts à préparer les gens à la mort. Ne prions pas seulement pour que les gens soient guéris. Prions et préparons-les pour la gloire. J'ai lu un jour Romains 8.18-39 à John Nkarithia : « J'estime que les souffrances du temps présent ne sauraient être comparées à la gloire à venir qui sera révélée pour nous » (Ro 8.18). Le temps est venu pour nous de savoir, tout comme ce frère, que nous pouvons nous réjouir dans nos souffrances.

L'espérance qui nous soutient et nous sanctifie dans notre souffrance ne nous déçoit jamais. Dieu a déversé son amour dans nos cœurs. Nous avons une espérance qui est certaine. En effet, dans une de ses lettres à Timothée, Paul lui dit : « Jésus-Christ notre espérance » (1 Ti 1.1). Jésus est notre espérance. L'espérance qui est en Jésus-Christ ne peut jamais nous décevoir.

Conclusion

Nous découvrons la Trinité dans les bénédictions de l'Évangile. Dieu le Père a envoyé Dieu le Fils pour subir le châtiment que nous méritons afin que nous puissions avoir la paix avec Dieu et accéder à lui. Il a déversé l'amour, la joie et l'espoir dans nos cœurs par le Saint-Esprit qu'il nous a donné. Cette joie de l'espérance de la gloire de Dieu nous soutient même dans la souffrance, qui nous rapproche de Dieu et fortifie notre foi.

Voilà quelques-unes des bénédictions que nous avons dans l'Évangile de la justification par la foi en Jésus. Enseignons-nous ces bénédictions ? Parlons-nous de ces bénédictions ? Connaissons-nous ces bénédictions ? Nous réjouissons-nous dans ces bénédictions ? Grâce au grand amour de Dieu qui s'est répandu dans nos cœurs, nous sommes bénis avec une paix, une sécurité, une espérance et une joie qui dureront éternellement.

DOUZE APPELS AUX PRÉDICATEURS DE L'ÉVANGILE DE LA PROSPÉRITÉ

John Piper

1. Ne prêchez pas un évangile qui place des obstacles inutiles sur le chemin qui mène au ciel

Jésus déclara : « Qu'il est difficile à ceux qui ont des richesses d'entrer dans le royaume de Dieu ! » Ses disciples étaient stupéfaits... comme devraient l'être bon nombre des adeptes de la théorie de la « prospérité ». Mais Jésus porta leur étonnement à son comble en ajoutant : « Il est plus facile à un chameau de passer par un trou d'aiguille qu'à un riche d'entrer dans le royaume de Dieu ». Incrédules, ils s'exclamèrent : « Qui donc peut être sauvé ? » Et Jésus de conclure : « Aux hommes cela est impossible, mais non à Dieu, car tout est possible à Dieu » (Mc 10.23-27).

Autant dire que leur stupéfaction était justifiée. Un chameau ne peut pas passer par le trou d'une aiguille. Il ne s'agit pas d'une métaphore faisant référence à quelque chose qui nécessite un immense effort ou un humble sacrifice : cela n'est tout simplement pas réalisable. Et comment le savons-nous ? Parce que Jésus a déclaré que cela est *impossible* ! C'est lui qui a employé ce mot, pas nous : « Aux hommes cela est impossible ». Il voulait dire par là que la nécessaire transformation du cœur est quelque chose que l'homme est incapable d'accomplir par lui-même. C'est forcément l'œuvre de Dieu : « *[impossible aux hommes]*, mais non à Dieu ».

Nous sommes incapables de cesser d'attacher plus de valeur à l'argent qu'au Christ. Mais Dieu peut produire ce changement en nous. Voilà une bonne nouvelle. Et qui devrait faire partie du message que proclament les prédicateurs de l'évangile de la prospérité, avant d'inciter par leurs discours à chercher à ressembler davantage à un chameau. Pourquoi vouloir prêcher un évangile qui encourage les gens à désirer la richesse et les confirme ainsi dans leur inaptitude naturelle pour le royaume de Dieu ?

2. *Ne prêchez pas un évangile qui suscite des désirs suicidaires*

L'apôtre Paul a mis en garde contre le *désir* d'être riche. Par voie de conséquence, il a mis en garde contre les prédicateurs qui attisent le désir d'être riche au lieu d'aider les gens à s'en débarrasser. Voici son avertissement : « Quant à ceux qui veulent s'enrichir, ils tombent dans la tentation, dans un piège et dans une foule de désirs stupides et nuisibles qui plongent les hommes dans la ruine et provoquent leur perte. L'amour de l'argent est en effet à la racine de tous les maux. En s'y livrant, certains se sont égarés loin de la foi et se sont infligé eux-mêmes bien des tourments » (1 Ti 6.9,10).

Il s'agit là de paroles très sérieuses, et pourtant elles ne semblent pas trouver d'écho chez ceux qui prêchent l'évangile de la prospérité. Il n'y a rien de mal à ce que les pauvres désirent une certaine dose de prospérité de manière à pouvoir subvenir à leurs besoins, être généreux et consacrer du temps et de l'énergie à des tâches qui glorifient le Christ plutôt qu'à trimer pour s'en sortir. Il n'y a rien de mal à demander de l'aide au Christ dans cette quête. Il désire répondre à nos besoins (Mt 6.33).

Mais tous autant que nous sommes, pauvres et riches, nous courons en permanence le risque de nous attacher aux richesses plus qu'à Christ (Col 3.2) et de placer notre espérance en elles plus qu'en Christ (1 Ti 6.17). Ce désir d'être riche est tellement fort et suicidaire que Paul emploie les termes les plus percutants qui soient pour nous mettre en garde. J'appelle les prédicateurs de l'évangile de la prospérité à faire de même.

3. Ne prêchez pas un évangile qui incite à s'exposer aux mites et à la rouille

Jésus nous met en garde contre toute velléité de nous amasser des trésors sur la terre. Autrement dit, il nous exhorte à *donner* plutôt qu'à *garder* : « Ne vous amassez pas des trésors sur la terre, où les mites et la rouille détruisent et où les voleurs percent les murs pour voler, mais amassez-vous des trésors dans le ciel, où les mites et la rouille ne détruisent pas et où les voleurs ne peuvent pas percer les murs ni voler ! » (Mt 6.19,20.)

Certes, nous gardons tous quelque chose ; Jésus le sait très bien. Il n'attend pas de nous (sauf dans des cas extrêmes) qu'à force de donner nous n'ayons plus rien à donner. Il se peut qu'un jour nous donnions notre vie pour quelqu'un et qu'ainsi nous ne soyons plus en mesure de continuer à donner. Mais, normalement, Jésus attend de nous que notre vie soit semblable à un cycle dans lequel notre travail génère un revenu qui nous permette de vivre simplement tout en donnant de façon continue.

Cependant, étant donné la tendance innée à la cupidité que nous avons tous, Jésus estime nécessaire de nous mettre en garde contre la tentation de « nous amasser des trésors sur la terre ». On a l'impression d'être gagnant, mais au final on n'est que perdant (« les mites et la rouille détruisent » et « les voleurs percent les murs pour voler »). J'appelle les prédicateurs de l'évangile de la prospérité à vraiment faire écho aux mises en garde de Jésus.

4. Ne prêchez pas un évangile qui fait de l'ardeur au travail un moyen de s'enrichir

Nous ne travaillons pas dans le but de nous enrichir. Paul a écrit que nous ne devions pas voler, mais plutôt nous donner la peine de travailler de nos propres mains. Cependant, le but principal n'était pas simplement d'accumuler ni même de *posséder* ; le but était d'« avoir *afin de pouvoir donner* ».

« Que celui qui volait cesse de voler ; qu'il se donne plutôt la peine de travailler honnêtement de ses *[propres]* mains *pour avoir de quoi donner* à celui qui est dans le besoin » (Ép 4.28). Ce verset ne justifie nullement le fait d'*être* riche afin de pouvoir donner plus ; c'est un appel à gagner davantage et à garder moins afin de pouvoir donner plus. Rien ne justifie que celui qui prospère tant et plus en affaires augmente indéfiniment l'extravagance de son mode de vie. Paul dirait : plafonnez vos dépenses et donnez le reste.

Ce n'est pas à moi de fixer votre « plafond ». Mais tous les textes auxquels nous nous référons dans ce chapitre exhortent à la simplicité et à une générosité sans limites, certainement pas à accumuler des biens matériels sans limites. Quand Jésus a dit : « Vendez ce que vous possédez et faites don de l'argent » (Lu 12.33), on peut difficilement imaginer qu'il ait voulu dire que les disciples étaient aisés et qu'ils pouvaient donner de leur superflu. Il est plus probable qu'ils avaient si peu de liquidités qu'il leur fallait vendre quelque chose pour avoir de quoi donner.

Pourquoi un prédicateur devrait-il encourager les gens à penser qu'il leur faut posséder des richesses pour pouvoir donner avec générosité ? Pourquoi ne pas les encourager à garder un mode de vie plus simple et à se montrer encore plus généreux ? Cela n'ajouterait-il pas à leur générosité un témoignage fort que c'est le Christ, et non les biens matériels, qui est leur trésor ?

5. Ne prêchez pas un évangile qui diminue la foi dans les promesses de Dieu et la gloire de son secours

Si, selon Hébreux, nous devons nous contenter de ce que nous avons, c'est parce que l'inverse sous-entend une foi moins grande dans les promesses de Dieu. Voici ce qu'il écrit : « Que votre conduite ne soit pas guidée par l'amour de l'argent, contentez-vous de ce que vous avez. En effet, Dieu lui-même a dit : Je ne te délaisserai pas et je ne t'abandonnerai pas. C'est donc avec assurance que nous pouvons dire : Le Seigneur est mon secours, je n'aurai peur de rien. Que peut me faire un homme ? » (Hé 13.5,6.)

D'un côté, nous pouvons faire confiance au Seigneur pour venir à notre secours. Il subviendra à nos besoins et nous protégera. Et, en ce sens, il nous donnera une certaine dose de prospérité : « Vous avez besoin de toutes ces choses, et votre Père qui est dans les cieux le sait bien » (Mt 6.32 ; *PDV*). Mais, d'un autre côté, lorsqu'il est écrit : « Que votre conduite ne soit pas guidée par l'amour de l'argent, contentez-vous de ce que vous avez » *parce que* Dieu promet de ne jamais nous abandonner, cela sous-entend forcément que nous risquons aisément de glisser de la confiance en Dieu pour nos *besoins* vers l'utilisation de Dieu pour nos *envies*.

La frontière entre « Dieu, viens à mon secours » et « Dieu, rends-moi riche » est bien réelle, et l'auteur de l'épître aux Hébreux ne veut pas que nous la franchissions. Aussi les prédicateurs feraient-ils mieux d'aider leurs paroissiens à se souvenir de cette frontière et à en tenir compte, plutôt que de s'exprimer comme si elle n'existait pas.

6. *Ne prêchez pas un évangile qui conduit les gens à se laisser étouffer jusqu'à en mourir*

Jésus nous met en garde en expliquant que la parole de Dieu, l'Évangile, censée donner la vie, peut être étouffée par les richesses au point de finir par mourir. C'est comme lorsqu'une graine pousse au milieu des ronces : « Ce sont ceux qui ont entendu la parole, mais en cours de route ils la laissent étouffer par [...] les richesses [...] de la vie, et ils ne parviennent pas à maturité » (Lu 8.14).

Ceux qui prêchent l'évangile de la prospérité devraient avertir leurs auditeurs : il existe une forme de prospérité financière qui peut les étouffer au point d'entraîner leur mort. Pourquoi inciter à rechercher précisément ce que Jésus présente comme pouvant rendre stérile ?

7. Ne prêchez pas un évangile qui enlève au sel sa saveur et cache la lumière sous un seau

Qu'est-ce qui fait des chrétiens le sel de la terre et la lumière du monde ? Ce n'est pas la richesse. Le désir d'être riche et la quête de la richesse ont au contraire la saveur et l'aspect du monde. Ils ne nous différencient pas du monde, mais nous rendent au contraire *semblables* au monde. À l'endroit précis où nous devrions avoir une saveur différente, nous faisons preuve de la même convoitise fade que le monde. Dans ces conditions, nous n'offrons rien d'autre au monde que ce en quoi il croit déjà.

Le grand drame de l'évangile de la prospérité est que l'on n'a pas besoin d'être éveillé spirituellement pour y adhérer ; il suffit d'avoir le goût de l'argent. S'enrichir au nom de Jésus, ce n'est pas être le sel de la terre ou la lumière du monde. Le monde ne voit dans cette attitude qu'un reflet de lui-même. Et s'il se « convertit » pour vivre cela, il ne s'agit pas d'une vraie conversion, mais uniquement d'un nouveau nom donné à un ancien mode de vie.

Le contexte dans lequel Jésus s'exprimait nous montre ce que signifient le sel et la lumière. Il s'agit d'être prêt à souffrir pour le Christ – et même de s'en réjouir. Voici ce que Jésus a déclaré :

Heureux serez-vous lorsqu'on vous insultera, qu'on vous persécutera et qu'on dira faussement de vous toute sorte de mal à cause de moi. Réjouissez-vous et soyez dans l'allégresse, parce que votre récompense sera grande au ciel. En effet, c'est ainsi qu'on a persécuté les prophètes qui vous ont précédés. Vous êtes le sel de la terre. [...] Vous êtes la lumière du monde (Mt 5.11-14).

Ce n'est pas en aimant autant l'argent que le monde que nous lui permettons de *goûter* le sel et de *voir* la lumière du Christ en nous. C'est plutôt en étant des chrétiens aptes et disposés à aimer les autres en souffrant, tout en nous réjouissant parce que notre récompense est au ciel avec Jésus. « *Réjouissez-vous* et soyez dans l'allégresse *[dans l'épreuve]* [...]. Vous êtes le sel de la terre* » : cette saveur de sel est celle de la joie ressentie dans l'épreuve. Il s'agit d'une vie *inhabituelle* dont le monde peut constater concrètement la différence.

Une telle vie est inexplicable humainement parlant ; elle est surnaturelle. Par contre, attirer les hommes par des promesses de prospérité, c'est tout simplement naturel. Cela n'est pas le message de Jésus ; ce n'est certainement pas pour cela qu'il est mort.

8. Ne prêchez pas un évangile qui cache la nécessité de la souffrance de la vie chrétienne

La plupart du temps, les prédicateurs de l'évangile de la prospérité oublient de mentionner que le Nouveau Testament insiste beaucoup plus sur la nécessité de la souffrance que sur la notion de prospérité matérielle.

Jésus a déclaré : « Souvenez-vous de la parole que je vous ai dite : "Le serviteur n'est pas plus grand que son seigneur." S'ils m'ont persécuté, ils vous persécuteront aussi ; s'ils ont gardé ma parole, ils garderont aussi la vôtre » (Jn 15.20). Ou encore : « Si l'on a appelé le chef de famille Béelzébul, à combien plus forte raison *insultera-t-on* les membres de sa famille ! » (Mt 10.25 ; *BFC*.)

Au cours de ses voyages missionnaires, Paul rappelait constamment aux nouveaux convertis que « c'est à travers beaucoup de difficultés qu'il nous faut entrer dans le royaume de Dieu » (Ac 14.22). Et il expliqua aux chrétiens de Rome que leurs souffrances étaient un élément nécessaire du chemin qui mène à l'héritage éternel :

L'Esprit lui-même rend témoignage à notre esprit que nous sommes enfants de Dieu. Or, si nous sommes enfants, nous sommes aussi héritiers : héritiers de Dieu et cohéritiers de Christ, si toutefois nous souffrons avec lui afin de prendre aussi part à sa gloire. J'estime que les souffrances du moment présent ne sont pas dignes d'être comparées à la gloire qui va être révélée pour nous (Ro 8.16-18).

Pierre explique, aussi, que la souffrance est le chemin normal vers la bénédiction divine éternelle :

Mes bien-aimés, ne soyez pas surpris de la fournaise qui sévit parmi vous pour vous éprouver, comme s'il vous arrivait quelque chose d'étrange. Réjouissez-vous, au contraire, de la part que vous prenez aux souffrances de Christ, afin d'être aussi dans la joie et dans l'allégresse lorsque sa gloire sera dévoilée. Si vous êtes insultés à cause du nom de Christ, vous êtes heureux, parce que l'Esprit de gloire, l'Esprit de Dieu, repose sur vous (1 Pi 4.12-14).

La souffrance est le prix normal d'une vie de piété : « Du reste, tous ceux qui veulent vivre avec piété en Jésus-Christ seront persécutés » (2 Ti 3.12). J'ai bien conscience que ces paroles à propos de la souffrance se réfèrent tantôt à la souffrance au sens général qui fait partie intégrante de la chute (Ro 8.18-25), tantôt à la souffrance spécifique qui est le fait des conflits humains. Je montrerai toutefois au chapitre trois que, pour ce qui est du but poursuivi par Dieu, il n'y a pas de différence fondamentale entre les deux.

Ceux qui prêchent l'évangile de la prospérité devraient inclure dans leurs messages un enseignement substantiel sur ce qu'ont dit Jésus et les apôtres à propos de la nécessité de la souffrance. Paul a clairement indiqué qu'elle était inévitable (Ac 14. 22) et c'est ne pas rendre service aux jeunes disciples que de ne pas le leur dire dès le début de leur cheminement. Jésus l'a même annoncée avant la conversion, de manière à ce que les futurs croyants éventuels évaluent le prix à payer : « Ainsi donc aucun de vous, à moins de renoncer à tout ce qu'il possède, ne peut être mon disciple » (Lu 14.33).

9. *Ne prêchez pas un évangile qui masque l'objectif de la souffrance dans la vie chrétienne tel qu'il a été établi par Dieu*

Non seulement le Nouveau Testament dit clairement que la souffrance est nécessaire pour les disciples du Christ, mais il s'emploie aussi à expliquer pour quelles raisons et quels sont les objectifs recherchés par Dieu. Il est capital que le croyant ait connaissance de ces objectifs. Dieu les a révélés pour nous aider à comprendre les raisons de la souffrance et nous permettre de passer à travers comme l'or à travers le feu.

Je développe ces objectifs dans le livre *Que les nations se réjouissent,* au cours du chapitre consacré à la souffrance. C'est pourquoi je me contenterai de les énumérer ici, en disant à ceux qui prêchent l'évangile de la prospérité la chose suivante : *veillez à bien mentionner les grands principes bibliques dans vos messages.* Les jeunes convertis ont besoin de savoir pourquoi Dieu décide qu'ils doivent souffrir :

1. La souffrance approfondit la foi et augmente la sainteté ;
2. La souffrance augmente la capacité de notre coupe ;
3. La souffrance est le prix à payer pour donner à d'autres de l'assurance ;
4. La souffrance supplée à ce qui manque aux afflictions du Christ ;
5. La souffrance a pour effet l'exécution du mandat missionnaire ;
6. La souffrance rend manifeste la suprématie du Christ.

10. Ne prêchez pas un évangile qui oublie que la religion « venez voir » de l'Ancien Testament est devenue la religion « allez annoncer » du Nouveau

La venue du Christ dans le monde a entraîné un changement fondamental. Jusque-là, Dieu avait concentré son œuvre de rédemption sur Israël en agissant ponctuellement parmi les nations. Paul a écrit : « Dans les générations passées,

[Dieu] a laissé toutes les nations suivre leurs propres voies » (Ac 14.16). Il a appelé cette période les « temps d'ignorance ». « Sans tenir compte des temps d'ignorance, Dieu annonce maintenant à tous les êtres humains, partout où ils se trouvent, qu'ils doivent changer d'attitude » (Ac 17.30). Désormais, ce n'est plus sur Israël, mais sur les nations que se focalise l'attention. Jésus a déclaré : « C'est pourquoi, je vous le dis, le royaume de Dieu sera enlevé *[à Israël]* et sera donné à un peuple qui en produira les fruits *[les disciples du Messie]* » (Mt 21.43). L'endurcissement du cœur s'est abattu sur Israël jusqu'à ce que l'ensemble des nations soit entré (Ro 11.25).

Une des différences principales entre ces deux époques est que, dans l'Ancien Testament, Dieu se glorifiait en grande partie en bénissant Israël afin que les nations voient et sachent que l'Éternel était Dieu. « Que *[l'Éternel]* fasse en tout temps droit [...] à son peuple, Israël. *Ainsi, tous les peuples de la terre reconnaîtront que c'est l'Éternel qui est Dieu* et qu'il n'y en a pas d'autre » (1 R 8.59,60). Israël n'avait pas encore reçu un « mandat missionnaire » l'appelant à rassembler les nations ; au contraire, il était glorifié pour que les nations voient sa grandeur et viennent à lui.

C'est pourquoi, lorsque Salomon bâtit le temple de l'Éternel, il décida de le recouvrir d'une quantité d'or spectaculaire :

> *Salomon établit le sanctuaire à l'intérieur, au milieu du temple, pour y placer l'arche de l'alliance de l'Éternel. Il avait 10 mètres de long, 10 de large et 10 de haut, et Salomon le couvrit d'or pur. Il fit devant le sanctuaire un autel en cèdre et le couvrit d'or. Il couvrit d'or pur l'intérieur du temple et il fit passer le voile dans des chaînettes d'or devant le sanctuaire,*

*qu'il couvrit d'or. Il couvrit d'or tout le temple, le
temple tout entier, et il couvrit d'or tout l'autel qui se
trouvait devant le sanctuaire (1 R 6.19-22).*

Et lorsqu'il le meubla, il utilisa de l'or en aussi grande
abondance :

*Salomon fit encore tous les autres ustensiles pour la
maison de l'Éternel : l'autel en or ; la table en or sur
laquelle on mettait les pains consacrés ; les chande-
liers en or pur, cinq à droite et cinq à gauche, devant
le sanctuaire, avec les fleurs, les lampes et les mou-
chettes d'or ; les bassins, les couteaux, les coupes,
les tasses et les brûle-parfum en or pur ; les gonds
en or pour la porte située à l'intérieur du temple, à
l'entrée du lieu très saint, et pour la porte de la salle
située à l'entrée du temple (1 R 7.48-50).*

Il fallut sept ans à Salomon pour bâtir la maison de
l'Éternel. Puis il lui en fallut treize pour bâtir sa propre
maison (1 R 6.38 – 7.1). Elle aussi fut richement dotée d'or
et de pierres magnifiques (1 R 7.10).

Ensuite, une fois toutes les constructions achevées, le
but de cette opulence apparaît en 1 Rois 10, lorsque la reine
de Séba, qui représente les nations païennes, vint constater
la gloire de la maison de Dieu et de Salomon. Lorsqu'elle
vit tout cela, « elle en eut le souffle coupé » (1 R 10.5). Elle
déclara : « Béni soit l'Éternel, ton Dieu, qui t'a choisi pour te
placer sur le trône d'Israël ! C'est parce que l'Éternel aime
éternellement Israël qu'il t'a établi roi » (1 R 10.9).

Autrement dit, la configuration de l'Ancien Testament
est celle d'une *religion de type « venez voir »*. Le peuple de
Dieu a un centre géographique. Il y a un temple physique,

un roi terrestre, un régime politique, une identité ethnique, une armée pour livrer les batailles terrestres de l'Éternel, et un groupe de prêtres chargé d'accomplir les sacrifices d'animaux pour les péchés.

La venue du Christ a complètement changé tout cela. Il n'y a plus de centre géographique du christianisme (Jn 4.20-24) ; Jésus a remplacé le temple, les prêtres et les sacrifices (Jn 2.19 ; Hé 9.25,26) ; il n'y a pas de régime politique chrétien parce que le royaume du Christ n'est pas de ce monde (Jn 18.36) ; et nous livrons, non pas des batailles terrestres avec des chars et des chevaux, ou des bombes et des balles, mais des combats spirituels avec la Parole et l'Esprit (Ép 6.12-18 ; 2 Co 10.3-5).

Tout cela explique le grand changement intervenu au plan missionnaire. La religion que présente le Nouveau Testament n'est pas de type « venez voir », mais de type « allez annoncer ». « Jésus s'approcha et leur dit : "Tout pouvoir m'a été donné dans le ciel et sur la terre. Allez *[donc]*, faites de toutes les nations des disciples, baptisez-les au nom du Père, du Fils et du Saint-Esprit et enseignez-leur à mettre en pratique tout ce que je vous ai prescrit. Et moi, je suis avec vous tous les jours, jusqu'à la fin du monde" » (Mt 28.18-20).

Cela a d'énormes répercussions sur notre façon de vivre et le regard que nous portons sur l'argent et le train de vie. Une des conséquences principales est que nous sommes « résidents temporaires et étrangers sur la terre » (1 Pi 2.11). Nous n'habitons pas ce monde comme s'il s'agissait de notre demeure principale. « Pour nous, notre cité est dans les cieux ; de là nous attendons comme Sauveur le Seigneur Jésus-Christ » (Ph 3.20 ; *Colombe*).

Cela conduit.à vivre comme en temps de guerre. Autrement dit, nous n'amassons pas des richesses pour montrer au monde à quel point notre Dieu peut nous rendre riches. Au contraire, nous travaillons dur et cultivons l'austérité comme en temps de guerre, au service de l'annonce de l'Évangile jusqu'aux extrémités de la terre. Nous nous efforçons de contribuer le plus possible à l'effort de guerre au lieu de rechercher l'aisance matérielle dans nos maisons. Nous donnons à nos enfants une éducation qui les aidera à accepter la souffrance que leur coûtera la nécessité d'achever la mission.

Par conséquent, si un chantre de la prospérité m'interpelle en me renvoyant à toutes les promesses de richesse que contient l'Ancien Testament pour les chrétiens fidèles, je lui fais la réponse suivante : lisez attentivement le Nouveau Testament et voyez si on y trouve le même lien de cause à effet. Vous ne le trouverez pas... tout simplement parce que la situation a complètement changé.

« En effet, nous n'avons rien apporté dans le monde et *[il est évident que]* nous ne pouvons rien en emporter. Si donc nous avons de la nourriture et des vêtements, cela nous suffira » (1 Ti 6.7,8). Pourquoi ? Parce que l'appel à suivre le Christ est un appel à « souffrir comme un bon soldat de Jésus-Christ » (2 Ti 2.3). Le Nouveau Testament met en avant non pas les richesses, qui peuvent nous inciter à pécher, mais le sacrifice, qui nous permet de sortir victorieux.

Il existe un élément qui confirme de façon providentielle que Dieu a bien voulu cette distinction entre l'orientation « venez voir » de l'Ancien Testament et l'orientation « allez annoncer » du Nouveau : c'est la différence entre le vocabulaire de l'Ancien Testament et celui du Nouveau. L'hébreu, la langue de l'Ancien Testament, n'était partagé par aucun autre peuple de l'Antiquité ; Israël en avait l'exclusivité. Cette situation présente un contraste saisissant avec le grec, la langue du Nouveau Testament, qui était la langue commerciale du monde romain. À elles seules, les langues de l'Ancien et du Nouveau Testaments indiquent une différence majeure en matière de mission. L'hébreu n'était pas adapté à l'action missionnaire en direction du monde antique ; en revanche, le grec convenait parfaitement à l'annonce de l'Évangile dans le monde romain.

11. Ne prêchez pas un évangile qui minimise le péché qui fait de la piété une source de profit

L'apôtre Paul était particulièrement attentif à ne pas donner l'impression d'être engagé dans le ministère pour l'argent, et en cela, il est un véritable exemple. Certes, il écrivit que les serviteurs de la parole ont le droit de gagner leur vie par leur ministère. Mais ensuite, pour bien montrer le risque que cela comporte, il refusa de faire usage de ce droit.

> *En effet, il est écrit dans la loi de Moïse : Tu ne mettras pas de muselière au bœuf quand il foule le grain. [...] Oui, c'est à cause de nous que cela a été écrit, car celui qui laboure doit labourer avec espérance, et celui qui bat le blé doit le faire avec l'espoir de recevoir sa part. Si nous avons semé pour vous les biens spirituels, est-ce trop si nous récoltons une part de vos biens matériels ? Si d'autres exercent ce droit sur vous, n'est-ce pas plutôt à nous d'en jouir ? Mais nous n'avons pas recouru à ce droit ; au contraire, nous supportons tout afin de ne pas créer d'obstacle à l'Évangile de Christ (1 Co 9.9-12).*

Autrement dit, il avait renoncé à un droit légitime pour ne surtout pas donner l'impression que l'argent était le moteur de son ministère. Il ne voulait pas l'argent de ses convertis :

Jamais, en effet, nous n'avons eu recours à des paroles flatteuses, comme vous le savez ; jamais nous n'avons eu la soif de posséder pour mobile, Dieu en est témoin (1 Th 2.5).

Il préférait travailler de ses mains plutôt que de laisser à penser qu'il faisait commerce de l'Évangile :

Je n'ai désiré ni l'argent, ni l'or, ni les habits de personne. Vous le savez vous-mêmes, les mains que voici ont pourvu à mes besoins et à ceux de mes compagnons. En tout, je vous ai montré qu'il faut travailler ainsi pour soutenir les faibles et se rappeler les paroles du Seigneur Jésus, puisqu'il a lui-même dit : « Il y a plus de bonheur à donner qu'à recevoir » (Ac 20.33-35).

Il savait que certains faisaient de la parole de Dieu leur commerce, croyant que « la piété est une source de profit » (1 Ti 6.5,6). Mais pour sa part, il se gardait bien de faire quoi que ce soit qui l'aurait placé dans cette catégorie :

C'est que nous ne sommes pas comme tant d'autres qui font de la parole de Dieu leur petit commerce ; c'est avec sincérité, c'est de la part de Dieu, devant Dieu et dans le Christ que nous parlons (2 Co 2.17 ; NBS)

Il y a trop de prédicateurs de l'évangile de la prospérité qui non seulement donnent l'impression de faire « de la parole de Dieu leur petit commerce » et « de la piété une source de profit », mais qui vont jusqu'à élaborer une fausse théologie pour justifier l'étalage extravagant de leur richesse. Paul faisait exactement l'inverse.

12. Ne prêchez pas un évangile qui masque la vérité biblique selon laquelle Dieu est véritablement le plus grand trésor

Ce qui m'inquiète le plus concernant les effets de la théologie de la prospérité, c'est qu'elle amoindrit le Christ : elle lui donne une place moins centrale et le présente comme étant moins gratifiant que ses dons. Ce n'est pas en étant présenté comme le dispensateur des richesses que le Christ est le plus glorifié ; c'est en comblant l'âme de ceux qui se sacrifient pour aimer leur prochain en accomplissant le ministère de l'Évangile.

Quand nous présentons le Christ comme celui qui nous accorde la richesse, c'est la richesse que nous glorifions, et Christ devient un moyen permettant d'obtenir ce que nous désirons réellement, à savoir la santé, la richesse et la prospérité. Mais quand nous le présentons comme celui qui comble à jamais notre âme, même sans la santé, la richesse et la prospérité, alors le Christ est glorifié comme étant plus précieux que tous ces dons. C'est le raisonnement de Paul en Philippiens 1.20,21 :

> Conformément à ma ferme attente et à mon espérance, [...] la grandeur de Christ sera manifestée avec une pleine assurance dans mon corps, soit par

ma vie, soit par ma mort. En effet, Christ est ma vie
et mourir représente un gain.

Nous honorons le Christ lorsque nous lui accordons tellement de valeur que la mort est un *gain*. Parce que dans ces conditions mourir veut dire « s'en aller et être avec le Christ » (Ph 1.23).

Et c'est bien ce qui manque dans la théologie de la prospérité. Le but du Nouveau Testament est de manifester la gloire du Christ, pas la gloire de ses dons. Et pour que cela soit bien clair, toute la vie chrétienne est placée sous le signe d'une abnégation vécue dans la joie : « Si quelqu'un veut être mon disciple, qu'il *renonce à lui-même*, qu'il se charge de sa croix et qu'il me suive ! » (Mc 8.34.) « J'ai été crucifié avec Christ » (Ga 2.20).

Mais même si l'abnégation est un chemin difficile qui mène à la vie (Mt 7.14), c'est celui qui procure le plus de joie. Jésus explique en effet que celui qui a trouvé en Christ son trésor peut se passer de tout autre bien *avec joie* : « Le royaume des cieux ressemble *[encore]* à un trésor caché dans un champ. L'homme qui l'a trouvé le cache et, *dans sa joie*, il va vendre tout ce qu'il possède et achète ce champ » (Mt 13.44).

Je ne demande pas aux prédicateurs de l'évangile de la prospérité d'arrêter d'exhorter les gens à la joie maximum. Au contraire, je les appelle à arrêter d'inciter les gens à rechercher la joie dans les biens matériels. La joie qu'offre le Christ est si profonde et si durable qu'elle nous permet de perdre la prospérité tout en conservant notre joie : « Vous avez accepté avec joie qu'on prenne vos biens, *sachant que vous aviez [au ciel] des richesses meilleures et qui durent toujours* » (Hé 10.34). La grâce de conserver la joie malgré la perte de la prospérité... voilà le miracle que devraient rechercher les chantres de la prospérité. On aurait vraiment le sel de la terre et la lumière du monde. Ce serait glorifier le Christ en montrant sa valeur suprême.

Appendice II

L'ARGENT

Wayne Grudem

L'argent est fondamentalement une bonne chose. Il offre de nombreuses occasions de glorifier Dieu, mais aussi de nombreuses tentations de commettre le péché.

On entend les gens dire souvent que « l'argent est la racine de tous les maux », mais ce n'est pas ce que dit la Bible. Paul dit dans 1 Timothée 6.10 que l'amour de l'argent est la racine de tous les maux ; il s'agit ici de l'amour de l'argent et non pas de l'argent lui-même.

En fait, l'argent est fondamentalement une bonne chose parce que c'est une invention humaine qui nous distingue du règne animal et nous permet d'assujettir la terre en produisant, à partir d'elle des biens et services pour le bénéfice des autres. L'argent permet à toute l'humanité d'être productive et de profiter des fruits de cette productivité. Ce serait bien difficile si l'argent n'existait pas, et qu'il fallait troquer les uns avec les autres.

Sans argent, je n'aurais qu'une seule chose à échanger : les exemplaires de mes livres. Par exemple, j'aurais des centaines d'exemplaires de mon livre intitulé *Théologie systématique*[1] à troquer contre autres choses.

Par contre, dans un monde sans argent, je n'aurais aucune idée de la valeur d'échange d'un de mes livres. Pourrais-je l'échanger contre un pain ou contre deux chemises, ou encore contre une bicyclette ou une voiture ? Sans doute que l'épicier qui n'aurait aucun intérêt pour mon livre n'échangerait même pas un petit panier de provisions contre cent exemplaires de mon livre ! Par la suite, j'aurais sans doute beaucoup de difficulté à trouver d'autres personnes avec qui je pourrais troquer, car les marchands qui avaient accepté un premier exemplaire n'en voudraient certainement pas un deuxième ou un troisième. Sans argent, je serais alors forcé de revenir à une vie de subsistance. Je cultiverais sans doute un jardin, tout en élevant des vaches et des poules. Avec de la chance, je pourrais troquer quelques œufs de temps en temps. Dans une telle situation, vous seriez confronter au même problème, peu importe ce que vous auriez à échanger.

L'argent est la seule chose contre laquelle chacun de nous est prêt à échanger des marchandises, car c'est exactement ce que toute autre personne ferait. Avec un système d'argent, je sais soudain combien vaut un exemplaire de mon livre. Il vaut 49 €, parce que c'est ce que des milliers de gens ont décidé de payer pour l'obtenir.

L'argent conserve également la valeur d'une chose jusqu'à ce que je le dépense pour autre chose. Quand j'obtiens 49 € pour la vente d'un livre, cet argent a temporairement la

---

1. Wayne Grudem, *Théologie systématique*, Charols, France, Excelsis, 2012, 1520 p.

valeur de mon livre jusqu'à ce que je me rende chez l'épicier pour lui dire que je voudrais échanger les 49 € contre des denrées. Le même épicier, qui aurait refusé de troquer des denrées contre un livre de théologie, accepte maintenant mes 49 € avec empressement, parce qu'il sait qu'il peut acheter avec cet argent tout ce qu'il veut et qui coûte 49 €.

L'argent est donc simplement un outil pour notre usage, et nous pouvons à juste titre remercier Dieu, qui dans sa sagesse a décrété que nous l'inventions et que nous nous en servions. Il s'agit simplement d'un « moyen d'échange », quelque chose qui facilite des échanges volontaires. C'est un produit standardisé légalement établi comme un équivalent échangeable contre tous les autres produits. L'argent permet de mesurer la valeur comparative des biens et des services sur le marché.

L'argent rend les échanges volontaires plus équitables, plus efficace, et beaucoup plus variés. Nous avons besoin d'argent dans ce monde afin d'être de bons intendants de ce que nous avons reçu sur la terre. Nous pouvons l'utiliser avec sagesse pour glorifier Dieu.

Si l'argent était mauvais en soi, alors Dieu n'en aurait pas. Mais il dit : « L'argent est à moi, et l'or est à moi, dit l'Éternel des armées » (Ag 2.8).

Tout lui appartient, et il nous le confie pour que, par lui, nous le glorifiions.

L'argent offre de nombreuses occasions de glorifier Dieu : en investissant et en faisant fructifier les choses qui sont sous notre gestion, nous imitons la souveraineté et la sagesse de Dieu ; en subvenant à nos propres besoins, nous imitons l'indépendance de Dieu ; en donnant aux autres, nous imitons ainsi la miséricorde et l'amour de Dieu ; en donnant à l'Église et pour le soutien de l'évangélisation, nous attirons d'autres personnes dans le royaume.

L'argent porte en lui beaucoup de puissance et de valeur. Par conséquent, il amène son lot de responsabilités et de tentations. Nous pouvons être pris au piège par l'amour de l'argent (1 Ti 6.10), et il peut détourner nos cœurs de Dieu. Jésus nous a avertis : « Vous ne pouvez servir Dieu et l'argent » (Mt 6.24 ; *Segond 21*). Il nous a aussi a mis en garde contre l'accumulation des richesses et le mauvais usage qu'on peut en faire :

Ne vous amassez pas des trésors sur la terre, où la teigne et la rouille détruisent, et où les voleurs percent et dérobent ; mais amassez-vous des trésors dans le ciel, où la teigne et la rouille ne détruisent point, et où les voleurs ne percent ni ne dérobent. Car là où est ton trésor, là aussi sera ton cœur (Mt 6.19-21).

Cela dit, les distorsions de quelque chose de bon ne doivent pas nous amener à penser que la chose elle-même est mauvaise. L'argent en lui-même est une bonne chose et nous offre de nombreuses occasions de glorifier Dieu.

Appendice III

LES ENSEIGNANTS DE LA PROSPÉRITÉ

Notre tâche dans ce livre a consisté à aborder les principes fondamentaux et les idées de l'enseignement de la prospérité, plutôt que d'argumenter avec des prédicateurs en particulier. Nous avons toutefois en tête plusieurs personnes d'influence qui, de différentes manières et sous différentes formes, ont articulé et répandu cet évangile de la prospérité.

On pourrait citer à titre d'exemples, Duncan Williams, Benson Idahosa, David Oyedepo (fondateur de la Chapelle des vainqueurs), John Praise, Kenneth & Gloria Copeland, Kenneth Hagin, Marilyn Hickey, Morris Cerullo, John Avanzini, Robert Tilton, Benny Hinn, Charles Capps, Joel Osteen et T. D. Jakes.

Cependant, plus que toute autre chose, nous encourageons les lecteurs à examiner les enseignements qu'ils entendent à la lumière de la Bible. Nous espérons que ce livre vous a aidé à le faire.

Appendice IV

LECTURES COMPLÉMENTAIRES

Livres sur l'enseignement de la prospérité

Lorsque nous considérons l'ampleur de l'impact de cet enseignement sur les Églises à travers le monde entier, nous réalisons qu'il nous faut plus de livres en français sur ce sujet. Nous invitons les pasteurs et les théologiens à s'attaquer à ce faux enseignement.

Voici quelques livres précieux qui vous permettront d'approfondir le sujet (en anglais) :

Adeleye, Femi, *Preachers of a Different* Gospel, Hippo Books, 2011.
Cet auteur nigérian cherche à examiner les allégations de l'évangile de la prospérité en exposant ses contradictions avec la Bible. Son livre est un avertissement au sujet des

voies subtiles par lesquelles ce faux enseignement a infiltré l'Église.

Fee, Gordon, *The Disease of the Health and Wealth Gospels,* Vancouver, Regent College, 2006.
Gordon Fee, un expert du Nouveau Testament, critique particulièrement les approches chrétiennes populaires sur les thèmes de la santé, de la richesse et de la prospérité. Cette brochure très pertinente amène le lecteur à adopter une position biblique sur ces sujets.

Hanegraaf, Hank, *Christianity in Crisis: The 21st Century,* Nashville, Thomas Nelson, 2009.
Hank Hanegraaf expose les erreurs majeures du christianisme contemporain, tout en fournissant à chaque fois des réponses bibliques.

Jones, David & Russell Woodbridge, *Health, Wealth & Happiness*, Grand Rapids, Kregel, 2011.
David Jones et Russell Woodbridge se basent sur les Écritures pour exposer la vision biblique de la richesse, de la pauvreté, de la souffrance et du don. Ils identifient cinq importantes zones d'erreur du mouvement de l'évangile de la prospérité. Ce livre incite le lecteur à redécouvrir le vrai évangile de Jésus-Christ.

McConnell, Dan, *A Different Gospel: Updated Edition*, Peabody, Hendrickson, 1995.
Avec le cœur d'un pasteur et l'œil d'un érudit, Dan McConnell étudie les fondations de la théologie du « nommez-le et réclamez-le ». Ce faisant, il explique les dangers de cet enseignement non biblique.

Livres sur des sujets connexes

Ferdinando, Keith, *The Battle is* God's, ACTS, 2012.
Abordant la question du combat spirituel dans un contexte africain, ce livre traite du sujet de la douleur et de la souffrance.

Rees, Stephen, *Jesus: Suffering Saviour, Sovereign* Lord, ACTS, 2012.
Ce recueil d'articles porte essentiellement sur le chant du serviteur dans Ésaïe et dans Philippiens. Ces sermons, donnés lors de diverses conférences à travers le monde, sont remplis de la vérité de Christ. Ils nous montrent comment se servir correctement la Parole de Dieu afin que la voix de Dieu soit véritablement entendue. Nous avons grandement besoin de tels exemples de nos jours où plusieurs déforment la Bible pour lui faire dire ce qu'ils veulent.